당신의 강점을
비싸게
팔아라

당신의 강점을

비싸게 팔아라

차별화된 강점으로 돈 버는 커리어를 만드는 기술

간다 마사노리, 기누타 준이치 지음 | 김윤경 옮김

동양북스

일러두기

- 본문에서 언급한 단행본 중 국내 번역 출간된 외서는 한국어판 제목을 따랐습니다. 미출간
된 외서는 번역한 제목과 원어를 병기했습니다.

- AMM 서치 시트는 간다 마사노리와 기누타 준이치가 그동안의 노하우와 연구로 만든 독자
적인 도구입니다. 자신의 강점을 발견하고 브랜딩하는 목적 이외에 상업적인 용도로 사용
을 금합니다.

흔히 마케팅이라고 하면
상품이나 서비스를 판매하는 시스템을 떠올리지만,
이 책에서 다루는 상품은 바로 '당신'이다.

이 책은 당신을 마케팅하기 위한 책이다.

당신이 곧 상품이다

카피라이팅 기술로
무조건 성공하는 커리어를 만드는 법

AMM=Ability Market Matching

이 책은 당신을 마케팅하기 위한 책이다. 흔히 마케팅이라고 하면 상품이나 서비스를 판매하는 시스템을 떠올리지만, 이 책에서 다루는 상품은 바로 '당신'이다. 당신의 최대 가치를 끌어내 파는 방법을 알려준다.

이제부터 설명하는 노하우, 어빌리티 마켓 매칭**Ability Market Matching, AMM**을 사용하면, 어떤 미래가 닥친다고 해도, 당신 안에 있는 가치를 발견해 돈으로 바꿀 수 있게 된다. 그리고 인생 100세 시대에 '내 힘으로 돈을 벌 수 있다'는 자신감을 가질 수 있다.

자기 능력을 어필하려고 애쓰는 데 지친 직장인들, 자신이 몰입해서 할 수 있는 일이 무엇일까 아무리 머리를 싸매고 고민해도 그럴 듯한 답이 떠오르지 않는 사회 초년생들, 인생 100세 시대에 자신답게 일을 계속 해나가고 싶거나 보람 있는 일을 찾고자 하는 사람들, 모두가 이 책을 읽기 바란다.

물론 창업가나 프리랜서 등 이미 회사를 나와 독립한 사람들에게도 이 책은 자신의 가치를 최대한으로 끌어올리고, 지금까지 이뤄온 사업이나 확보한 고객을 중심으로 더 큰 성장과 발전을 꾀하며, 수입을 높이는 기회가 될 것이다.

우리는 이 책에서 커리어를 설계할 때 유용한 방법론을 다루지만, 둘 다 커리어 컨설턴트가 아니다. 우리는 마케팅 컨설턴트로서 모든 상품의 '팔리는 강점'을 발굴하고, 고객을 사로잡기 위한 시스템을 구축하는 일을 상담하고 지원해왔다. 그때 목표로 하는 성과를 이끌어내기 위한 열쇠가 바로 세일즈 카피라이팅이다.

마케팅과 카피라이팅이 통합된 세일즈 카피라이팅 기술은 우리가 오랜 세월 쌓아온 경험과 연구의 결과에 따르면, 사실 상품을 판매할 때만 아니라 인재를 육성할 때도 마찬가지로 재현성 있는 효과를 일으킨다. 자신의 '강점Ability'과 그 강점을 높이 평가하는 시장Market을 동시에 명확히 파악함으로써 최고의 금액으로 팔수 있는 결합Matching이 이루어지기 때문이다. 이것이 바로 이 책에서 소개할 획기적인 커리어 디자인법, AMM이다.

당신의 강점을 발견해 돈으로 바꾸는 새로운 커리어 디자인법

단순히 커리어 디자인을 알려주는 책이라고 생각하는가? 이 책은 그와는 분명한 차이점이 있다. 우선, 일반적인 커리어 디자인은 주로 과거의 경험과 스킬을 토대로 당신이 장래에 되고 싶어 하는 모습을 설계한다. 그에 반해 이 책에서 소개하는 AMM은 과거, 현재, 미래를 전체적으로 아울러 살피면서 '내 안에 잠재해 있는 새로운 가능성'을 찾아내는 프로세스다.

영업 분야에서 활약해온 사람을 예로 들어보자. 지금까지의 커리어 디자인에서는 그 사람이 갖고 있는 영업 스킬이나 경험을 바탕으로, 미래에서도 영업 업무를 주축으로 한 단계 성장한 커리어를 설계한다. 이것은 논리적이고 직선적인 접근법이다.

한편 AMM에서는 그 사람이 지닌 능력과 경험을 과거뿐만 아니라 현재와 미래까지 오가며 넓은 시각으로 깊이 통찰해, 그 사람 안에 잠재해 있는 새로운 강점을 찾아가는 데 주력한다. 그런 의미에서 AMM은 일반적인 커리어 디자인과 달리 곡선적이고 창조적인 접근법이라고 할 수 있다.

그래서 영업 분야에서 활약해온 사람이 AMM을 활용하면 오랫동안 잊고 있던 과거, 이를테면 학창 시절에 영화연구회에 참여했던 일을 떠올리고, 그 기억을 계기로 자신의 새로운 가치를 재발견할 수 있다. 그 결과 영업직에 머물지 않고, 영화 제작의 경험을 살려 예전에는 꿈조차 꾸지 못했던 마케팅이나 브랜딩 분야에서도 활약할 가능성이 떠오르는 것이다.

또한 기존의 커리어 디자인에서는 자기 분석 도구를 이용해 강점과 적합한 직업을 도출해낼지도 모른다. 다만 결과적으로 그 강점이나 적합한 직업으로 실제 돈을 벌지 못한다면, 그야말로 그림의 떡에 불과하다.

실제로 강점을 돈으로 바꾸려면 '당신이 인식하고 있는 자신의 가치와 그 가치를 원하는 사람을 연결'해야 한다. 그런 관점에서, AMM은 원래 상품과 서비스의 '팔리는 강점'을 찾아내 고객을 끌어모으는 세일즈 카피라이팅 기술에서 생겨난 것이며, 당신의 '강점

Ability'과 그 강점을 높이 평가하는 시장Market을 동시에 명확히 파악해 가장 높은 금액으로 팔릴 수 있게 결합하는Matching 방법론이다. 한마디로, AMM은 단순히 강점을 발견하는 기술이 아니라 '강점을 돈으로 바꾸는 기술'이다. 이 점이 AMM의 가장 큰 특징이며, 기존의 커리어 디자인과 근본적으로 차별화되는 장점이기도 하다.

극히 일부이지만, 이 책에서 당신이 얻을 수 있는 이점을 몇 가지 열거해보면…,

· 당신 안에 잠재해 있는 재능과 강점을 발견할 수 있다
· 당신의 강점과 재능을 필요로 하는 사람들과 만날 수 있게 된다
· 당신의 강점과 재능을 돈으로 바꿀 수 있게 된다

게다가…,

· 팀원들의 능력과 재능을 이끌어내는 코칭 기술이 향상된다
· 당신의 강점과 재능을 전달하기 위한 프로필과 랜딩페이지Landing Page(홈페이지 방문이나 키워드 검색 혹은 배너 광고 등으로 유입된 인터넷 이용자가 최초로 보는 페이지 - 역주)의 문장 초안을 빠르게 작성할 수 있다

- 언제 어디서나 누구든 잘 팔 수 있는 '판매 방법의 원리 원칙'을 습득한다
- 인생 100세 시대, 계속해서 자신의 힘으로 돈을 벌 수 있다는 자신감이 붙는다

등이 있다. 이 이점들만으로도 AMM이 단순한 자기 분석 도구가 아니라 자신의 내면에 잠재해 있는 새로운 강점을 발견하고 그 강점을 원하는 사람을 만나 전달하기까지의 자기 브랜딩 도구라는 것을 알 수 있다.

우선은 이 책을 빠르게 훑어본 다음, 3장과 4장에서 AMM 서치 시트를 사용해 강점을 찾아내는 과정에 실제로 도전해보자. AMM을 통해 자기 자신의 가치를 깊이 탐구하게 되므로, 처음에는 한 시간에서 세 시간가량 집중할 시간이 필요하다. 단, 투자한 시간은 반드시 보상받게 될 것이다. 그리고 지금까지 잊고 있던 자신의 강점을 발견하고, 자신감을 회복해 3년 후, 5년 후, 그리고 10년 후의 미래를 개척해나가는 초석을 마련할 수 있다.

AMM 서치 시트

Step 11 새로운 커리어 이미지

Step 1 이름

Step 8 타인과의 비교	Step 9 그것은 무엇이 좋은가?	Step 10 가장 가치를 누릴 수 있는 사람은?

Step 2 최고의 일

Step 4 당신의 실적	Step 5 당신이 할 수 있는 일	Step 6 최고의 일에 부족한 점

Step 3 현재의 일

Step 7 부족한 점 해소

왜 경험을 쌓을수록
자신감이 사라질까?

카피라이팅을 응용한 새로운 커리어 디자인법 'AMM'은, AI 시대가 본격화되며 화이트칼라가 느끼는 불안과 초조감이 심각해지는 가운데, 그 유효성이 점점 더 높아지고 있다. 지금까지의 커리어 디자인으로는 경험을 축적할수록 자신감을 잃어버리는 경향이 있었다. 오늘날에는 많은 업무를 AI로 대체하면서 지금까지 우리가 쌓아온 스킬과 경험의 가치가 퇴색됨에 따라, 자기 분석을 하면 할수록 '이 일도 머지않아 AI로 대체될 것 같아'라는 생각에 자신감을 상실하고 무력감에 시달리기 때문이다.

이렇듯 시장 환경이 격변하는 오늘날에는, 자신의 가치를 최대한으로 끌어올리려면 과거의 스킬과 경험에만 의존하지 말고, 일하는 주체가 창조적으로 자신의 진정한 강점과 가능성을 찾아내 꾸준히 자기 브랜딩을 해야만 한다.

물론 쉬운 일이 아니지만 걱정할 필요는 없다. 이 책에서 소개하는 AMM을 이용하면 '당신의 내면에 잠재한 새로운 가능성'을 발굴해, 어떤 시대에도 자신감을 가지고 자신을 시장에 내놓을 수 있다.

인생 100세 시대를 살아가는 우리는 항상 중요한 존재로서 안심하며 활약할 수 있는 삶을 추구한다. 이러한 삶을 실현하려면 기존의 사고방식과 방법론만으로는 충분치 않다. 잊고 있던 강점을 찾아내 자신감을 회복할 새로운 접근법이 필요하다. 이 책《당신의 강점을 비싸게 팔아라》가 제안하는 것이, 바로 그 새로운 접근법이다.

누구에게나
'미래에 활용할 수 있는 가치'가
잠재해 있다

이 책의 저자인 나 간다 마사노리와 기누타 준이치는 각자 다른 분야에서 활약하다가 합류해 마케팅과 카피라이팅을 통합한 기술을 확립했다. 최근 몇 년간 우리는 공동 작업으로 《무조건 팔리는 카피 단어장》《카피라이팅 기술 대전コピーライティング技術大全》을 집필했는데, 두 권 합쳐 10만 부 이상 팔렸다. 이 책들은 결과에 직결되는 마케팅 방법으로, 오늘날 마케터들의 바이블로도 불리고 있다.

하지만 우리는 처음부터 마케팅과 카피라이팅 전문가는 아니었고, 심지어 완전히 다른 분야에서 일했었다. 나는 외무부 관료로 일하다, 이후 외국계 회사의 일본 지사를 맡아 이끌었지만 영업 경험은 전무했다. 그 결점을 보완하고자 영업을 하지 않고도 고객을 끌어모을 수 있는 마케팅 방법을 미국에서 찾아내 인터넷 시대를 견인하는 마케터 중 한 사람으로 성공했다.

한편 기누타 준이치는 철강업계에서 관리직으로 일하고 있었지만 그다음 커리어 스텝을 밟기 위해 시행착오를 겪던 중 카피라이팅을 알게 되었고, 그 계기로 자신이 양성해온 '알기 쉽게 설명하는 능력'을 다른 업계와 회사에서도 활용할 수 있다는 사실을 깨달았다.

이처럼 우리는 과거의 경험에만 얽매이지 않고, 자신의 내면에 잠자고 있는 '진정한 강점'을 발견해 그 강점을 돈으로 바꾸는 기술과 융합하면서, 격변하는 세계에서 새로운 환경에 적응하며 지속적으로 활약할 수 있게 되었다.

우리는 이러한 성공 경험을 바탕으로 마케팅 분야에서 효과가 검증된 방법을 커리어 전략에 응용해 'AMM'이라는 이름으로 이 책에서 공개하기로 했다. 당신이 이 방법을 이용한다면 자신의 강점을 발견하고, 자신에게 적절한 시장을 찾아내, 그 시장에서 원하는 인재로서 자기 분석을 실행할 수 있다. 우리의 목표는 많은 사람이 원하는 커리어를 실현해나가기 위한 도약의 발판을 제공하는 데 있다.

앞으로 자기 분석과 스킬 재확인, 자기 브랜딩과 제안서 작성 등 단계별로 구체적인 내용을 소개하겠지만, 그 과정에서 누구에게나 '미래에 활용할 수 있는 가치'가 잠재해 있다는 사실이 명확히 드러날 것이다. 새로운 지식을 배우는 것이 아니라 이미 당신의 내면에 있는 능력과 가치를 끌어올려 당신만의 '무조건 팔리는 강점'을 만들어낼 수 있다는 사실을 깨닫게 된다.

　그리고 그 결과, 당신이 추구하는, 늘 중요한 존재로서 안심하고 활약하는 인생을 손에 넣을 수 있을 것이다. 그러한 인생을 위해 우리 두 사람이 당신의 길잡이가 되어주겠다.

　이제 이 책을 펼쳐 들고 당신 안에 잠들어 있는 '무조건 팔리는 강점'을 찾아내 세상에 알리는 여행을 떠나자.

간다 마사노리

차례

2장 새로운 커리어 이미지를 구축하는 AMM 사용법

3장　당신의 강점을 찾아내는 7단계

4장 당신의 시장 가치를 높이는 4단계

5장 AMM의 완성도를 높이는 브러시업

당신의 가치를 전달하는 기술

당신의 강점을 비싸게 팔아라

1장

돈이 되는
강점의 발견,
새로운 커리어
디자인법

파는 방법에는
원리 원칙이 있다

한 치 앞이 어둠이라도
걱정 없이 살아갈 방법이 있다

'앞날이 불투명한 시대' '격변하는 시대'라는 말을 자주 듣는다. 하지만 이런 표현은 분명 꽤 오래전부터 사용되어왔다. '앞날이 훤히 보이는 시대' '천천히 변화하는 시대'가 있었던가? 도대체 언제였던가?

이 책의 저자인 우리 두 사람은 사회인으로 버블 경제를 경험한 세대다. 분명 그 시절에는 위로만 쭉쭉 뻗어나가는 경제 성장 현상을 누구도 의심치 않았기 때문에 어떤 의미로는 앞날이 보였다고 말할 수 있을지도 모른다. 하지만 그런 버블 경제도 결국 한순간에 붕괴되고 말았으며, 애당초 버블 경제기 또한 그 이전과 비교하면 기술의 발달 등 변화가 매우 격렬했던 시기다.

그리고 앞으로도 '앞날이 훤히 보이는 시대' '천천히 변화하는 시대'는 오지 않을 거라고 생각하는 게 당연하지 않은가? 더 이상 습관처럼 이런 말을 되뇌면서 앞날을 걱정하는 일은 그만둬야 한다.

'한 치 앞은 어둠.' '과거의 성공 패턴이 미래에도 반드시 통하는 것은 아니다.' 비록 이런 전제가 달릴지라도 하루하루를 마음 편하게 지낼 비결은 있다. 바로 **어떤 상황에서도 '자신의 능력으로 돈을 벌 수 있다'는 자신감을 지니는** 것이다. 이러한 자신감으로 무장한 사람과 그렇지 않은 사람이 미래에 대해 느끼는 안도감은 하늘과 땅만큼이나 그 차이가 크다.

파는 방법의 원리 원칙을 알면 상품과 서비스는 저절로 팔리고 고객에게 감사 인사를 받는다

하지만 '돈을 번다' 또는 '판다'라는 말을 들으면 위화감이나 혐오감을 느끼는 사람도 분명 있을 것이다. 특히 억척스럽다고 할 만큼 너무 강한 기세로 구매를 강요하는 사람을 보면서 자신은 도저히 할 수 없는 일이라고 고개를 절레절레 저을 수도 있다. 하지만 '파는 방법의 원리 원칙'을 이해하고 실천하면 적극적으로 판매를 독촉하지 않더라도 오히려 상품과 서비스는 저절로 팔리고 고객에게는 감사의 인사를 받기 마련이다.

또한 '판다'는 행위를 '상대에게서 돈을 빼앗는 일'이라고 인식하는 사람도 있을 것이다. 돈이 대가代價인 건 맞지만, 이를 상품 또는 서비스를 제공한 데 대한 대가라고 인식하면 돈을 빼앗는 이미지부터 떠오르기 쉽다. 사실 당신이 제공하는 것은 상품이나 서비스 그 자체가 아니다. 궁극적으로는 다음 두 가지 중 하나다.

① 상대가 안고 있는 문제를 해결하는 것·일
② 상대가 이루고 싶어 하는 이상을 실현하는 데 도움을 주는 것·일

이 두 가지는 모두 상대의 인생을 편하고 행복하게 만드는 데 도움을 준다. 그래서 문제를 해결해주거나 이상을 실현할 수 있게 도와준 데 대한 감사의 증표로서 돈을 받는 것이다. 나, 간다 마사노리가 비즈니스에서 항상 강조하는 말이 있다. "'감사합니다'라는

인사는 물건이나 서비스를 사는 사람이 해야 하는 말"이라는 것. 파는 사람은 그 "감사합니다"라는 인사에 "별말씀을요. 다행입니다"라고 대답하면 된다.

오해가 생기지 않도록 미리 말해두지만, 절대로 파는 사람이 "감사합니다"라고 말해서는 안 된다는 뜻이 아니다. '제 상품이나 서비스 또는 저희 회사를 선택해주셔서 고맙습니다'라는 마음을 표현하는 것은 매우 훌륭한 일이다. 여기에서 말하고 싶은 핵심은 무엇을 파는 행위란 결코 상대에게서 무언가를 빼앗는 게 아니라, 상대에게 도움이 되는 물건이나 일을 제공함으로써 그 감사의 증표로 돈을 받는 일이라는 사실이다.

따라서, 사기와도 같은 상술로 사람을 현혹해 감사받지 못할 물건이나 서비스를 파는 것은 본래의 '판다'라는 의미와 전혀 다른 것이다. 가치 있는 물건이나 서비스를 필요로 하는 사람에게 제공하는 것. 이것이 바로 '파는' 행위의 본질이다. 그리고 그 감사의 증표로서 돈을 받는 것이 진정한 의미에서의 '돈을 버는' 일이다.

어떤 상황에서도
계속해서 돈을 벌 수 있다는
자신감이 생긴다

"그렇군요. 잘 알겠습니다. 하지만 어떤 상황에서도 스스로의 힘으로 돈을 벌 수 있다는 자신감을 얻기가 그리 쉬운 일은 아니잖아요?"라고 반박하는 사람도 있을 것이다. 그러나 이는 아직 '파는 방법의 원리 원칙'을 모르기 때문이다. 여기서 말하는 파는 방법이란 당신이 취급하는 상품이나 서비스에만 국한되지 않는다. 이 책의 주제인 '당신 자신을 파는 방법'도 포함된다. 파는 방법의 원리 원칙만 숙지하면 취급하는 상품이나 서비스가 달라져도, 그것이 '당신 자신'이어도 얼마든지 팔 수 있다. 그러므로 어떤 상황에서도 돈을 계속 벌 수 있다는 자신감을 갖게 되는 것이다.

실제로 파는 방법에는 원리 원칙이 분명히 존재한다. 하지만 그 원리 원칙은 학교에서도, 직장에서도 배울 수가 없다. 직장에서는 '먼저 이것을 하고, 그다음에는 이것을 하라' '고객을 대할 때는 이렇게 하라' 등의 매뉴얼화된 판매 순서와 일부 마음가짐만 익히게 할 뿐이지, 결코 판매 방법의 핵심을 가르쳐주지 않는다.

부끄러운 과거

철강업계 관리직에서
파티시에? 도수치료사?

이쯤에서 나 기누타 준이치의 부끄러운 과거를 이야기해보려고 한다. 나는 영업 경험은 있었지만, 지금 생각하면 당시에는 파는 방법의 원리 원칙을 전혀 이해하지 못했었다. 심지어 자신을 홍보하고 어필하는 방식은 고작해야 일반적인 이력서 쓰는 법이나 면접 방법을 알려주는 참고서 등에 나오는 내용 정도밖에 몰랐었다. 그런 상태에서 회사를 그만두고 독립하려고 했던 것이다. 이미 이 책을 펼쳐 들고 있는 당신은 절대 그런 어리석은 실수를 저지르지는 않겠지만, 내 이야기를 통해 파는 방법의 원리 원칙을 알지 못한 채로 독립해 창업하는 건 위험하다는 사실을 깨닫기 바란다.

나는 원래 철강 회사에서 근무했으며, 입사한 이래 영업직으로 일했다. 아이가 태어나기 전후에는 수출 업무로 해외 출장도 다녔다. 그러던 중 분만 예정일을 3개월이나 앞두고 1,302g의 극소 저체중 출생아로 태어난 아이가 한 살이 채 되기도 전에 뇌성마비라는 사실을 알게 되었다. 의사는 앞으로 아이의 팔다리에 장애가 생길 뿐만 아니라 지적장애 증상도 나타날 가능성이 높다고 했다. 그 후 아이는 천식도 앓았고, 초등학교에 입학하기 전에는 뇌전증으로 발작 증상도 나타났다. 그 정도 상황이 되자 아내 혼자서는 도저히 아이를 간병하기가 어려워, 회사의 특별복지 휴가 제도를 이용해 2개월 정도 휴직하게 되었다.

회사를 쉬는 동안 지금 이런 형편에서는 세계적인 규모로 비즈니스를 펼치는 회사의 직원으로 계속 일하기는 어렵다는 것을 통감하고, 집에서 아이를 보살피면서 할 수 있는 일을 찾아야겠다고 생각했다. 그런데 회사 측에서는 영업 부서보다 시간을 자유롭게 쓸 수 있는 기획 부서로 이동 발령을 내주는 등 내 생활을 최대한으로 배려해주었다. 회사에서 베풀어준 혜택에 기대면서 단호하게 결단을 내리지 못한 채 질질 시간을 끌었다. 그 후 회사가 합병되고 업무가 일단락된 시기에 회사를 그만두었는데, 그렇다고 처음부터 카피라이터가 되려고 한 건 아니었다.

그 당시는 아직 재택 근무가 일반화되지 않은 시절이었기에 시간과 장소에 구애를 받지 않고 일하려면 직접 장사를 하는 게 좋겠다고 생각한 것이다. 그래서 처음에는 깊이 고민하지 않고 단순히 그때 내가 좋아하던 다이후쿠大福(팥소가 든 찹쌀떡 - 역주) 같은 일본 화과자나 피낭시에(밀가루, 버터, 달걀, 우유 등을 넣고 반죽하여 직사각형 모양으로 구운 과자 - 역주) 같은 서양 과자를 직접 만들어 팔아야겠다고 마음먹었다.

화과자는 유통기한이 짧아서 다 팔지 못할 경우 폐기의 위험성이 크다는 점과 재료 매입처를 확보하지 못한 데서 발생하는 제조원가 문제가 있었기 때문에 구체적으로 행동에 옮기지 않고 일찌감치 포기했다. 그래서 유통기한이 길고 손쉽게 취급할 수 있는 피낭시에를 만드는 일에 도전했다. 거의 2개월 동안 매주 토요일과 일요일에 피낭시에를 굽고 노트에 메모를 적어가면서 나만의 레시피를 완성하려고 애썼지만, 눈에 띄게 맛있는 과자는 만들어내지 못했다.

당연하다. 나는 피낭시에는커녕 요리를 잘하는 것도 아니었고 요리에 대한 지식이나 이해가 깊었던 것도 아니었으니까. 요리 학원에서 배운 경험도 전혀 없으면서 프로처럼 하려던 것 자체가 무모한 일이라는 걸 깨달았다. 그런 현실은 일을 시작하기 전에 충분히 알 수 있었는데도 당시에는 '무언가 해야만 한다'는 의식이 너무 강했던 탓에 무엇이든 시작하고 보자는 조급한 마음만 앞섰던 것이다.

그다음으로 생각해낸 직업이 도수치료사다. 이 또한 요리와 마찬가지로 학교나 학원에 다녀야 한다고 생각했지만 신체의 급소를 찾아내거나 마사지를 하는 일은 잘하는 편이라고 자각하고 있었고, 아이의 재활 치료 선생님에게 '소질이 있다'라는 칭찬을 여러 번 듣자 정말로 재능이 있는 게 아닐까 생각했던 것이다. 게다가 도수치료는 예약제이기 때문에 내 사정에 따라 예약을 받으면서 시간을 자율적으로 조정할 수 있을 것 같았다. 하지만 일터와 집이 멀면 시간을 자유롭게 쓸 수 없으므로 도수치료원 겸 집을 마련해야 한다는 데 생각이 미쳤다. 게다가 영업적인 측면을 고려해 비교적 유동 인구가 많은 곳에 도수치료원 겸 집을 마련하려면 상당히 많은 돈이 들 거라고 예상되었다. 그렇다면 채산이 맞을 때까지 '지속하지 못할' 위험성이 있다고 판단해, 이 역시 포기했다.

이렇게 비용부터 채산까지 시뮬레이션을 해보았지만 '파는 방법' 자체의 기본적인 사항은 아무것도 알지 못했다. 무엇보다 내가 할 수 있는 일과 강점을 고려하지 않고 전혀 경험이 없는 분야의 일을 시작하려고 했던 것이다. 지금에 와서 되돌아보면 '대책 없는' 수준을 넘어서 말도 안 되게 무모한 발상이었다고 생각한다.

하지만 지금 하는 일을 그만두고 무엇이 됐든 혼자 할 수 있는 일로 창업하고 싶다거나 중년에 세컨드 커리어로 어떤 일을 시작하면 좋을까 고민하는 시기에 '파는 방법'의 원리 원칙을 모른 채 무작정 새로운 비즈니스를 시작하려고 하면, 적잖이 이러한 시행착오를 겪게 된다.

카피라이팅과의 만남

그 후 '집에서 할 수 있는 일' 그리고 '시간과 장소에 얽매이지 않고 자유로이 할 수 있는 일'을 검색하던 중 세일즈 카피라이터라는 직업이 있다는 사실을 알게 되었다. 처음에 나는 카피라이팅을 '집에서 할 수 있는, 글 쓰는 일'이라고 인식하고 있었다. 하지만 카피라이팅이라는 일을 상세히 알아가는 동안에, 카피라이팅에는 파는 방법의 원리 원칙이 모두 응축되어 있으며, 단순히 '쓰는 일'이 아니라는 사실을 알게 되었다. 더 나중에 안 사실이지만 **상품과 서비스를 파는 일도, 자기 자신을 파는 일도 원리 원칙은 동일했다.** 이 책에서는 카피라이팅 프로세스로 돈이 되는 당신의 강점을 찾아나갈 것이다. 하지만 그 전에 먼저 기반이 되는 카피라이팅에 관해 잠시 설명하겠다.

카피라이터라고 하면 일반적으로는 짧은 문장으로 이미지를 표현하는 '캐치프레이즈'를 쓰는 사람이라고 생각할 것이다. '모두를 위한 개인금고의 시작(카카오뱅크)', '날개를 달다, The new TUCSON(현대자동차)' 같은 카피를 쓰는. 그러나 이 책에서 다루는 카피라이팅은 이런 이미지와는 다르다. 인터넷에서 상품과 서비스를 판매하기 위해 설명하는 긴 문장을 쓰는 기술이라고 이해하면 된다.

광고나 레터의 소개에 흥미를 느껴서 터치나 클릭을 했을 때 상품이나 서비스에 대한 설명이 아래쪽으로 길게 이어져 있는 페이지를 본 적이 있을 것이다. 마지막에 주문 버튼이 있고 그 버튼을 누르면 바로 구입할 수 있게 되어 있다. 이런 페이지를 '랜딩페이지Landing Page, 줄여서 'LP'라고도 하는데, 이 페이지의 원고를 작성하는 사람이 바로 세일즈 카피라이터다.

당시에는 세일즈 카피라이터라는 직업이 일반적으로 거의 알려지지 않아서 정보도 적었고, 직업으로서 널리 인정받기 전이었다. 그래서 여러 방면으로 조사하다 보니 미국에서는 약 100년의 역사가 있으며 하나의 직업으로서 확실히 자리매김되어 있다는 사실, 그리고 일본에서는 간다 마사노리가 제일인자로 카피라이팅을 널리 보급하고 있다는 사실을 알게 되었다.

더욱더 공부해나가면서 카피라이터가 광고 문안을 쓸 때는 센스가 아니라 원리 원칙에 근거해서 작성한다는 것을 알게 되었다. 사실 그 원리 원칙은 기안서(품의서)나 사내외 자료 작성과도 공통점이 매우 많았다. 그래서 '사람을 움직이는 말의 구조는 이런 식으로 되어 있구나' 하고 저절로 고개가 끄덕여졌다. 이만하면 지금까지의 영업과 기획 경험도 강점으로 활용할 수 있겠다는 생각이 들어, 본격적으로 카피라이팅을 공부한 다음 퇴직·독립했다.

이 직업은 일반적으로는 세일즈 카피라이터 또는 세일즈 라이터라고 불리는데, 완성된 상품과 서비스를 팔기 위한 문장을 쓰기만 하는 게 아니라 잘 팔리도록 비즈니스 모델 자체를 구성하는 마케팅 부분을 부각시킨다는 의미에서, 우리는 '마케팅 카피라이터'라고 부른다.

왜 카피라이팅이
커리어 개발에 유용할까?

상품과 서비스를 파는 일과
자기 자신을 파는 일은 똑같다

그렇다면 이 카피라이팅을 개인의 커리어 개발에 어떻게 활용할 수 있는지 알아보자. 카피라이팅이란 무엇일까? 이 질문을 파고들면, 다음과 같이 표현할 수 있다.

상품과 서비스가 잘 팔리도록,

- 상품과 서비스가 갖고 있는 진정한 가치와 매력을 찾아내
- 사람들에게 전해지도록 말로 표현하고
- 상품과 서비스를 필요로 하는 사람에게 전달한다

어떤가? 이처럼 카피라이팅은 상품과 서비스뿐만 아니라, 당신 자신을 팔 때도 그대로 적용된다는 것을 알 수 있다.

또한 우리가 주최하는 카피라이팅 강좌를 듣는 수강생들을 보면서 깨달은 사실이 있다. **상품·서비스를 파는 것은 결국 '나 자신이란 무엇인가?'를 찾아가는 과정**이라는 점이다. 어떤 의미인지 조금 더 자세히 설명하겠다.

우리 카피라이팅 강좌에서는 랜딩페이지 광고 글을 작성하는 과정을 몇 가지로 세분화하고, 그 과정마다 과제를 내주고 있다. 수강생들이 과제를 제출하면 우리가 개선할 점을 짚어주면서 실력을 한층 더 향상시켜나간다. 그리고 자신이 취급하는 상품과 서비스를 깊이 마주하는 과정에서 이런 질문을 하게 된다.

- 이 상품과 서비스는 유사한 다른 상품, 서비스와 어떤 점이 다른가?
- 이 상품과 서비스를 구입하면 어떤 이점이 있는가?
- 이 상품과 서비스를 필요로 하는 사람은 누구인가?

이런 점들을 생각하다 보면, '나는 왜 이 상품과 서비스를 팔고 있는가?' 또는 '왜 팔기 시작했는가?'라는 질문에 다다르게 되고, 그때부터 '내가 정말 하고 싶었던 일은 이거다!' 하고 깨닫는 사람들이 많아진다. 그렇게 찾아낸 '하고 싶었던 일'은 지금 다루고 있는 상품, 서비스를 판매하는 일일 수도 있고, 전혀 다른 일일 수도 있다.

잘 팔리는 핵심이란

이로써 상품과 서비스를 파는 일과 자기 자신을 파는 일은 근본적인 부분에서 연결되어 있다는 사실을 알 수 있다. 그 근본적인 공통점은 다음과 같다.

- 다른 상품이나 서비스와 차별되는 장점을 찾아
- 그 장점을 어떻게 활용할 수 있는지 생각하고
- 그 상품과 서비스를 필요로 하는 사람을 정해
- 그 사람에게 가치를 전달하면 비싸게 팔 수 있다

이것이 '잘 팔리는 핵심'이며, 우리는 이를 PMM이라고 한다.

PMM은 프로덕트 마켓 매칭Product Market Matching의 약자로, **판매자의 제공 가치와 고객의 니즈를 정확히 맞추는 일이다.**

이 PMM이야말로 '잘 팔리는 핵심'이다. 상품과 마케팅, 즉 제공하는 가치와 시장의 니즈가 딱 맞아떨어지면 잘 팔리고, 서로 어긋나면 팔리지 않는다. 고객에게 희소성을 느끼게 하는 등 시장에서의 특정한 위치 설정(이것을 포지셔닝이라고 하는데, 뒤에서 자세히 다룰 예정이다)을 확실히 하면 단순히 잘 팔리기만 하는 정도가 아니라 비싸게 팔리게 된다.

우리 카피라이터도 상품과 서비스를 팔기 전에 광고주에게 자기 자신을 팔아야 한다. 카피라이터는 어떤 회사나 사람들에게 광고를 수주해 카피를 쓰는데, 그러기 위해서는 그들에게 먼저 카피를 써달라는 부탁을 받아야 한다. 그 부탁 또는 의뢰를 받으려면 자기 자신을 사고 싶은 존재로 만들어야 하는 것이다.

실제로 우리 두 사람이 함께 일하게 된 계기도 카피라이팅 기술을 사용한 세일즈 레터 형식의 특별한 자기소개서였다. (세일즈 레터란 통신 판매에서 상품이나 서비스를 팔기 위한 편지를 뜻한다.)

상품과 서비스를 팔기 위한 카피라이팅의 원리 원칙은 개인의 커리어 개발에도 그대로 사용할 수 있다.

PMM을 커리어 개발로 바꾼 AMM

앞에서 잘 팔리는 핵심을 PMM이라고 설명했는데, 이 PMM은 단순 개념이 아니다. 우리는 '어떻게 하면 판매자의 제공 가치와 고객의 니즈를 완벽히 맞출 수 있을까?'를 방법론으로까지 구현한다. 그것은 무척 심플한 세 가지 요소로 응축되어 있다.

- 누구를 대상으로
- 남들과 다른 어떤 가치를 제공해
- 그 결과, 상대에게 어떤 이익을 가져다줄 것인가?

우리는 이를 외우기 쉽게 '누가, 무엇을 해서, 어떻게 되었나?'라고 표현한다. 이 세 가지 요소를 생각해 매칭하면, PMM이 완성되고, 팔리는 비즈니스 모델이 만들어진다. 바꿔 말하면, 이 세 가지 요소가 맞아떨어지지 않으면 아무리 노력해도 팔리지 않는다.

그리고 이 원리 원칙은 당신 자신을 팔 때도 똑같이 적용된다. 자신의 능력과 그 능력을 높이 평가해주는 시장을 매칭해 연결하면 되는 것이다. 그래서 PMM에서 상품을 뜻하는 'Product'를 개인의 능력과 재능이라는 의미의 'Ability'로 바꾼 것이, 지금부터 소개할 AMM**Ability Market Matching**이다.

이 책에서는 AMM에서 발견한 '남들과 다른 어떤 가치를 제공할 수 있는가?'를 이른바 '강점'으로 여기고 자신의 강점을 돈으로 바꾸는 법, 혹은 돈이 되는 강점을 찾아나간다.

AMM은
행복한 인생을 위한
강력한 도구

'흔해빠진 자기계발'이라고 생각한다면 설명을 더 듣기 바란다. '자신의 강점을 발견'하는 것뿐이라면 이 밖에도 다양한 방법이 있다. 하지만 다른 방법들과는 다른 AMM의 뛰어난 특징은 강점을 '비싸게 팔리게 만드는 것'이다.

아무리 뛰어난 강점을 가지고 있어도, 그 가치를 제대로 전달하지 못하면 높은 대가를 받을 수 없다. 최악의 경우에는 아예 아무런 대가도 받지 못한다. 그러므로 강점을 찾는 것만으로는 충분하지 않으며, 그 강점이 당신에게 '경제적 만족'을 가져다주는 부분까지를 반드시 생각해야 하는 것이다.

이 만족도라는 관점에서 주목하는 개념이 '웰빙Well-being'이라는 사고관이다. 웰빙의 정의로 자주 거론되는 것이, 다음에 소개하는 페르마PERMA(긍정 심리학을 개척한 펜실베이니아대학교 마틴 셀리그먼 교수의 행복 이론 - 역주)와 미국 갤럽사의 정의 두 가지다.

갤럽사의 정의에서 주목할 부분은 Financial Wellbeing, 즉 '경제적으로 만족할 수 있는가'다. 옛말에 '먹고 입을 것이 충분하면 예절을 알게 된다'고 했듯이, 물질적인 풍요의 근간이 되는 '경제적

페르마(PERMA)

Positive Emotion	긍정적인 감정
Engagement	몰입
Relationship	관계
Meaning and Purpose	의미와 목적
Achievement/Accomplish	성취

미국 갤럽사의 정의

Career Wellbeing	일 이외에도 스스로 선택한 커리어의 행복
Social Wellbeing	사람들과 얼마나 좋은 관계를 맺을 수 있는가
Financial Wellbeing	경제적으로 만족할 수 있는가
Physical Wellbeing	심신이 모두 건강한가
Community Wellbeing	지역 사회와 연결되어 있는가

만족'은 행복을 생각할 때 빼놓을 수 없는 요건이다. 물론 돈이 전부는 아니며, 돈이 없어도 행복감을 느낄 수는 있다. 하지만 같은 일을 한다면 즐겁게 그리고 그에 걸맞은 대가를 받는 것보다 더 바람직한 일은 없을 것이다.

물론 '경제적 만족'뿐만 아니라, 당신만이 갖고 있는 강점을 살려 '성취' '몰입' '의미와 목적' '자신이 선택한 커리어의 행복'도 느낄 수 있다. 게다가 당신의 강점을 필요로 하는 사람에게 전달함으로써 사람들이 기뻐하고 고마워할 것이다. 그러면 사람들과 좋은 관계도 형성할 수 있다. 그 결과, 몸도 마음도 건강한 상태를 유지할 수 있다.

이처럼 AMM은 '강점을 비싸게 잘 파는 것'을 매우 중요하게 여기고, 나아가서는 우리가 행복한 인생을 살아가는 데 매우 강력한 도구가 될 수 있다.

AMM으로 시장 가치를 높이고 커리어를 크게 성장시킨다

AMM 서치 시트로 할 수 있는 일

이 책에서는 당신의 강점을 재정의하고, 비싸게 팔 수 있기까지 일
련의 과정을 'AMM 서치 시트'라는 포맷을 사용해 진행한다.

AMM 서치 시트에 관해서는 2장에서 자세히 설명할 예정이니,
여기서는 이 AMM 서치 시트를 활용해 새로운 커리어 이미지를
발견한 대표적인 네 명의 사례를 짧게 소개하겠다. (개인 정보 보호
를 위해 사례에 나오는 이름은 모두 이니셜로 적었다.)

AMM 서치 시트

G 씨(40대, 회사원)

G 씨는 회사에서 시스템 엔지니어로 일하고 있다. 하지만 앞으로는 자신의 강점을 활용해 독립하겠다고 마음먹었다. AMM 서치 시트의 스텝을 세세히 파고들어, '직원들을 참여시키는 퍼실리테이션facilitation(회의 참가자들이 자연스럽게 의견을 피력할 수 있도록 분위기를 이끌고 조율하는 일 - 역주) 능력이 뛰어난 시스템 개발·운용 조력자'라는 새로운 커리어 이미지를 만들어냈다.

K 씨(40대, 자영업자)

K 씨는 스포츠 트레이너로, 퍼스널 트레이닝센터를 운영하며 운동선수가 아닌 일반인들을 대상으로 한 어깨 결림 해소 등의 건강 유지·관리 프로그램을 제공하고 있다. AMM 서치 시트를 활용해 '기업에 사내 복리후생의 일환으로 건강 유지·관리 프로그램을 제공하는 이미지'와 '앞으로 어떤 단계를 거쳐 사업을 확장해나가면 좋을까' 하는 방향성이, 지금까지 혼자서는 생각하지 못했던 수준까지 명확하게 그려졌다.

N 씨(20대, 회사원)

N 씨는 회사에서 마케팅을 담당하고 있다. 앞으로 더 큰 도약을 위해 이직을 염두에 두고 있지만 자신이 무슨 일을 할 수 있을지, 무엇 하나 자신이 없었다. 그래서 AMM 서치 시트로 자기 자신을 되돌아본 결과 '마케팅 프로젝트 총괄 책임자'라는, 스스로도 납득할 만한 컨셉을 찾아냈다. 그 후 얼마 지나지 않아 마케팅 프로젝트를 포함한 더 큰일을 할 기회가 주어졌고, 이직에 성공했다.

Y 씨(60대, 회사원)

Y 씨는 40여 년 동안 영업 관련 업무에서 성과를 쌓아왔다. 하

지만 정년퇴직을 앞두고, 앞으로는 자신의 강점을 살려 일을 해나가고 싶다는 바람이 있었다. AMM 서치 시트를 사용해 지금까지 자신의 경험을 점검하자 '높은 신뢰 관계 구축력을 활용해 실적이 부진한 직원들의 능력을 끌어올림으로써 회사 전체의 성과를 끌어올리는 컨설턴트'라는 커리어 이미지가 만들어졌다. 그렇게 앞으로 나아가야 할 방향과 그에 필요한 스킬을 명확히 파악하게 됐다.

이 네 명이 어떤 과정을 거쳐 새로운 커리어 이미지를 구축해냈는지는 5장에서 좀 더 자세히 소개하겠다. 그 외에 AMM 서치 시트를 활용해 '돈이 되는 강점'을 발견한 사람들의 사례도 점차 소개할 예정이니, 참고하기 바란다.

마지막으로 AMM 서치 시트로 할 수 있는 일과 유의해야 할 사항을 정리했다. 먼저, AMM 서치 시트로 할 수 있는 일은 다음 세 가지다.

① 당신이 인식하고 있는 강점을 돈으로 바꿀 수 있도록 재정의할 수 있다
② 당신이 깨닫지 못하고 있었던 당신의 숨은 강점을 발견해 그것을 돈이 되게 구축할 수 있다

③ 당신이 가지고 있는 강점을 돈으로 바꾸기 위해 앞으로 갈고닦아야 할
   영역을 알 수 있다

당신이 어떤 이득을 누릴 수 있을지는 현재 하고 있는 일이나 과거의 커리어에 따라 달라진다.

우선 ①의 '당신이 인식하고 있는 강점을 돈으로 바꿀 수 있도록 재정의할 수 있다'는 당신 스스로가 '내 강점은 이것이다!'라고 명확히 혹은 어느 정도 파악하고 있는 경우에 해당한다. 이 경우 '어떻게 해야 강점의 시장 가치가 가장 높아질까'를 중점적으로 생각하게 된다. AMM 서치 시트의 전반부 프로세스인 '자신의 강점을 발견하는' 과정은 완료한 상태이므로, '그 강점의 가치를 어떻게 높일 것인가'에 초점을 맞추는 것이다.

다음 ②의 '당신이 깨닫지 못하고 있었던 당신의 숨은 강점을 발견해 그것을 돈이 되게 구축할 수 있다'는 많은 사람에게 해당되는 사항이다. AMM 서치 시트의 전반부에서는 강점을 정의하고, 그다음은 강점의 시장 가치를 높여나가는 과정으로 나아간다. 이때 핵심은 '당신이 이미 가지고 있는 강점'이다. 지금 당신에게 없는 강점이 마법처럼 쏟아져 나올 리는 없다. 흔히들 착각하는데, AMM 서치 시트에서 발견할 수 있는 강점은 어디까지나 지금 당

신이 가지고 있는 강점에 한정된다.

　이 두 가지가 ③으로 연결된다. AMM 서치 시트를 사용해 당신이 가지고 있는 강점을 돈으로 바꾸기 위해서는 '앞으로 갈고닦아야 할 영역이 있다'는 결론에 이른다. 단적으로 말해 '지금의 강점만으로는 돈이 되지 않는다'는 의미다.

　가망이 없다고 생각해 이 책을 읽는 것을 포기하기에는 아직 이르다. 일을 해본 경험이 전혀 없는 학생이라도 반드시 '강점'은 있다. '강점이 없는' 사람은 없다. 다만 각자 가지고 있는 **강점의 시장 가치가 크고 작다는 차이**만 있을 뿐이다. 시장 가치가 높으면 대가(수입)가 올라가고, 시장 가치가 낮으면 대가(수입)는 올라가지 않는다. 따라서 설령 지금 가지고 있는 강점의 시장 가치가 낮더라도 '무엇이 부족한가' 또는 '무엇을 갈고닦으면 되는가'를 알면 시장 가치를 높이기 위한 다음 단계로 나아갈 수 있는 것이다.

　많은 사람이 현재의 상황을 바꾸어 싶어 한다. 새로운 일을 시작하고 싶어 한다. 하지만 갈망하면서도 쉽사리 행동으로 옮기지 못하고, 또 강점을 가지고 있으면서도 그것을 돈으로 바꾸지 못하는 까닭은 '강점을 갈고닦는다', '부족한 점을 보완한다'는 관점이 결여되어 있기 때문이다. 자신의 강점을 찾아내는 동시에 강점을 갈고닦거나 부족한 점을 보완하면 자신의 시장 가치를 높이 끌어올려 커리어를 마음껏 향상시킬 수 있다.

다음 2장에서는 'AMM 서치 시트'의 주요 내용과 작성 시 유의해야 할 사항을 알려주겠다.

당신의 강점을 비싸게 팔아라

2장

새로운 커리어 이미지를 구축하는 AMM 사용법

AMM 서치 시트의
11개 스텝

전반부에서 강점을 찾아내고
후반부에서 시장 가치를 높인다

당신의 강점을 돈으로 바꾸는, 혹은 돈이 되는 당신의 강점을 효율적이고 효과적으로 찾아내기 위한 방법론이 바로 우리가 개발한 'AMM 서치 시트'다. AMM 서치 시트는 스텝 1부터 스텝 11까지 열한 개 항목을 순서대로 기입할 수 있게 되어 있는 한 장의 시트다.

그럼 각 스텝이 어떤 흐름으로 진행되는지 살펴보자.

AMM 서치 시트

Step 11 새로운 커리어 이미지

Step 1 이름

Step 8 타인과의 비교	Step 9 그것은 무엇이 좋은가?	Step 10 가장 가치를 누릴 수 있는 사람은?

Step 2 최고의 일

Step 4 당신의 실적	Step 5 당신이 할 수 있는 일	Step 6 최고의 일에 부족한 점

Step 3 현재의 일

Step 7 부족한 점 해소

Step 1: 당신의 이름을 적는다

⬇

Step 2: 당신에게 있어 최고의 일이 무엇인지를 생각한다

⬇

Step 3: 당신이 현재 하고 있는 일을 자세히 파악한다

⬇

Step 4: 현재와 과거의 실적을 점검한다

⬇

Step 5: 당신이 할 수 있는 일을 정리한다

↓

Step 6: 최고의 일을 하는 데 가장 부족한 점을 생각한다

↓

Step 7: 부족하다고 판단되는 점을 현재 당신의 조건·능력으로 해소할 수 있다면, 그것은 무엇인지를 생각한다

↓

Step 8: 당신이 할 수 있는 일을 타인과 비교해보고, 무엇이 다른지를 파악한다

↓

Step 9: 지금까지의 흐름을 바탕으로 당신이 제공할 수 있는 가치를 정의한다

↓

Step 10: 당신의 가치를 가장 효과적으로 누릴 수 있는 사람이 누구인지를 생각한다

↓

Step 11: 당신의 새로운 커리어 이미지를 구축한다

어떤가? 갑자기 스텝 2에서 포기할지도 모른다고 걱정할 수도 있지만, 괜찮다. 아무 염려할 필요 없다. 생각이 잘 떠오르지 않아 더 이상 다음 스텝으로 넘어가지 못하는 경우도 충분히 예상한 일이다. 설령 도중에 멈추게 되더라도 그 후에 어떻게 파고들면 좋을지를 3장에서 자세히 설명할 테니, 안심해도 된다.

AMM 서치 시트의 열한 개 스텝을 조금 더 큰 범주로 보면, 다음과 같이 다섯 단계로 정리할 수 있다. 전반부에서 당신의 강점을 찾아내고, 후반부에서 찾아낸 강점의 시장 가치를 높이는 흐름이다.

① 최고의 일을 정의	Step 2
② 강점을 발견	Step 3~5
③ 현상유지편향(status quo bias)을 해제	Step 6~7
④ 강점의 시장 가치를 향상	Step 8~10
⑤ 새로운 커리어 이미지를 구축	Step 11

열한 개 스텝을 순서대로 채워나가기만 해도 새로운 커리어 이미지를 쉽게 떠올리는 사람도 있지만, 대부분의 사람들은 그러지 못한다. 그러므로 우선은 스텝을 처음부터 끝까지 대충 훑어보자. 그다음, 각 스텝의 항목을 다시 보는 과정에서 자신의 강점과 시장 가치가 드러나고, 최종적으로 새로운 커리어 이미지를 구축할 수 있게 된다. 이 브러시업brushup(개선하고 향상시켜 완성도를 높이는 일 - 역주) 과정 자체가 AMM의 핵심이다. 이 부분은 5장에서 자세히 소개하겠다.

또한, AMM 서치 시트를 작성할 때는 다음 두 가지 중에서 마음에 드는 방법을 선택하면 된다.

① 책 뒤에 붙은 AMM 서치 시트를 A4 사이즈의 용지에 복사하고, 그 용지에 직접 글을 쓰거나 글을 쓴 포스트잇을 붙인다

책 뒤에 붙어 있는 접지를 펼쳐보면 한 면에는 AMM 서치 시트의 스텝별 작성 가이드가, 다른 한 면에는 직접 쓸 수 있는 AMM 서치 시트가 있다. 스텝별 가이드를 참고해 자신의 AMM 서치 시트를 완성하면 된다.

② 엑셀이나 자신이 자주 쓰는 프로그램, 또는 화이트보드 등에 AMM 서치 시트와 동일한 표를 만들고, 거기에 내용을 입력하거나 수기로 작성한다

직접 글을 쓰는 경우에 가능한 한 펜은 여러 색깔을 구분해 사용해도 좋다. 색색으로 쓴 글을 보면 아이디어가 떠오르기 쉽다. 포스트잇은 내용을 수정해야 할 때 새로 써서 붙이면 되므로 무척 간단하고 편리하다.

AMM 서치 시트의
7가지 유의할 점

AMM 서치 시트의 스텝별 해설을 시작하기 전에, AMM 서치 시트를 작성할 때 유의해야 할 점을 알아두자.

1. 요소 배치에는 노하우가 있다

AMM 서치 시트는 얼핏 보면 열한 개 스텝이 무작위로 배치되어 있는 것처럼 보이지만, 생각해야 할 요소를 필요 최소한도로 줄여, 요소 간의 상호 관계를 한눈에 부감하고, 정합성整合性을 취할 수 있는 형태로 정리해놓은 최적의 양식이다.

즉, 열한 개의 스텝에는 어느 위치에, 어떤 요소를 가져와, 어떤 순서로 생각해야 효율적이고 효과적으로 강점과 시장을 매칭할 수 있을까, 라는 관점에서 다양한 연구와 장치가 되어 있는 것이다. 따라서 AMM 서치 시트는 각 스텝의 위치를 바꾸면 효과가 떨어지므로, 반드시 양식대로 사용해야 한다.

그 전형적인 예 중 하나가 AMM 서치 시트의 가운데 여섯 칸 위에 있는, 기호들이다.

우선 이 기호의 의미를 설명하겠다. AMM 서치 시트의 가운데 박스 안에 들어 있는 여섯 칸(스텝 4~6, 8~10)을 작성하는 일은 자신의 강점을 발굴하고 그 시장 가치를 높이는 매우 중요한 과정이다. 여섯 칸 중 아래 세 칸을 왼쪽에서 오른쪽 방향으로 순서대로 채우고, 그다음에는 위 세 칸을 왼쪽에서 오른쪽 방향으로 순서대로 채워가도록 되어 있다. 하지만 기호의 의미는 세로로 나열된 칸들의 관계성을 나타낸다. 왼쪽 위아래 두 칸은 '안테나', 가운데 위아래 두 칸은 '삽', 그리고 오른쪽 위아래 두 칸은 '렌즈' 기호이며, 각각 다음의 의미가 있다.

- 안테나: 정보를 수집한다
- 삽: 파헤친다
- 렌즈: 확인한다

왼쪽 위아래 두 칸은 안테나, 즉 필요한 정보를 수집하는 것을 의미한다. 스텝 4 '당신의 실적'과 스텝 8 '타인과의 비교'가 여기에 해당한다. 가운데 위아래 두 칸은 삽으로, 수집한 정보를 파헤친다는 의미가 있다. 여기에는 스텝5 '당신이 할 수 있는 일'과 스텝 9 '그것은 무엇이 좋은가?'가 해당한다. 그리고 오른쪽 위아래 두 칸은 렌즈이며, 파헤친 정보를 확인한다는 의미다. 스텝 6 '최고의 일에 부족한 점'과 스텝 10 '가장 가치를 누릴 수 있는 사람은?'이 여기에 해당한다.

각각의 의미를 깊이 이해할 필요는 없다. 시트에 글을 적을 수 있는 공간이 마구잡이로 나열되어 있는 것이 아니라 순서도, 위치도 체계적으로 설계되어 있다는 사실만 알면 충분하다.

참고로 하나 더 짚고 넘어가겠다. 왜 글자가 아니라 기호일까?

AMM 서치 시트는 치밀한 절차로 진행되다 보니 아무래도 '이론만 내세운다'는 인상이 강하다. 그러면 좌뇌파인 사람들에게는 유익하겠지만 우뇌파인 사람들은 거부감을 느낄 수 있다. 그래서 '이론적'이라는 인상을 조금이라도 완화하기 위해 글자가 아닌 기호로 나타낸 것이다. 모든 칸 테두리가 둥근 사각으로 되어 있는 것도 같은 이유에서다.

2. 지극히 간단하고 명확하게 표현해야 하는 이유

각각의 스텝에는 글을 쓸 수 있는 공간이 있지만 넓지는 않다. 따라서 그다지 긴 문장은 쓸 수 없는데, 이는 의도적으로 그렇게 만든 것이다. **가능한 한 짧은 말로 간단하게 표현해 전체를 부감할 수 있게 하는 것이 핵심이다.**

손으로 직접 쓰든, 컴퓨터에 타이핑하든 너무 작은 크기의 글자로 빼곡히 채워서는 안 된다. 책 뒤에 붙은 시트를 보면 알겠지만, A4용지 사이즈다. 큰 종이에 시트를 복사해 사용하더라도 글자를 크게 쓰면 괜찮다. 요컨대 시트 전체를 볼 때 각 스텝에 적힌 내용

끼리의 관계를 파악할 수 있을 정도여야 하고, 칸 안에 쓴 내용을 한눈에 파악할 수 있을 만큼 간단명료해야 하는 것이다. 글자가 너무 많아서 들여다보지 않고는 읽을 수 없는 상태가 되어서는 안 된다.

예외는 어찌 됐든 떠오르는 생각을 브레인스토밍처럼 아웃풋해 보는 경우다. 이때는 종이에 아웃풋한 내용을 적고, 그중 몇 가지 를 발췌해 되도록 간단한 표현으로, AMM 서치 시트에 적는다.

원래 문장은 짧게, 간단하게 표현하기가 더 어려운 법이다. 이 런 격언이 있다. "시간이 더 있었다면, 편지를 더 짧게 썼을 텐데." 프랑스의 철학자이자 수학자인 블레즈 파스칼**Blaise Pascal**이 한 말 이라고 알려져 있지만, 사실 그 출처는 불분명하다. 하지만 출처 는 둘째 치고, 이 격언처럼 문장은 짧게 표현하기가 훨씬 더 어려 운 법이다.

문장이 길어질수록 보충하는 설명이 많아지고, 그러면 '한마디 로 무슨 말'을 하는지 알 수 없다. 바꿔 말하면, 짧게 한마디로 표 현하지 못하는 까닭은 머릿속에서 아직 충분히 정리가 되지 않았 기 때문이다. 자신의 머릿속에서 정리되지 않은 상태란 자신이 무 엇을 말하려는지가 정리되어 있지 않은 상태다. 자신이 무엇을 말 하려고 하는지가 명확하지 않으니 다른 사람에게 제대로 전달될

리가 없다.

그러므로 핵심을 추려 간단하고 분명하게 표현하는 것은 읽는 사람을 위해서만이 아니라 당신 자신을 위해서이기도 하다. **간단하게 쓸 수 있다=스스로 납득하고 있다**는 뜻이므로, 당신이 명확하게 인식할 수 있으려면 간단하고 분명한 표현으로 쓸 수 있어야 한다. AMM 서치 시트는 혼자서 작성하는 것이지만, 타인이 봐도 이해할 수 있도록 단순하고 명확하게 표현해야 한다는 점을 명심하자.

3. 빈칸을 채우는 템플릿 활용법

또한, 글은 넘치지 않는 범위에서 **구체적으로 써야 한다.** 간단하게 쓰라는 말과 모순된다고 생각할 수 있지만, 너무 간단하면 이미지를 떠올릴 수 없기 때문이다.

예를 들면, 스텝 10의 '가장 가치를 누릴 수 있는 사람은?'을 작성할 때, '부자'라는 표현은 너무 단순하고 추상적이다. 이를 '자산 운용의 효율성을 더 높이고 싶어 하는, 금융 자산을 5억 원 이상 소유한 60세 이상의 사람'이라고 구체적으로 표현하면 이미지가 쉽게 떠오른다.

스텝 10뿐만 아니라 모든 스텝은 선명하게 이미지를 떠올릴 수 있게 전체적인 개선, 향상 작업이 순조롭게 이루어진다. 가능한 한 구체적으로 이미지를 떠올릴 수 있도록 AMM 서치 시트의 모든 스텝에는 빈칸을 채워 완성하는 템플릿을 준비해두었다. 이것은 **이미지가 지나치게 벗어나지 않도록 일부러 아웃풋 형식을 '빈칸 채우기 템플릿'으로 고정한 것**이다. 어느 정도 표현을 변형하는 건 괜찮지만, 너무 자유롭게 쓰다 보면 앞뒤 스텝의 상호 관계를 고려해야 할 때 생각하기가 힘들어지므로 빈칸 채우기 템플릿에 맞춰 작성하기 바란다.

4. 라이프워크와 강점의 관계

이는 흔히 착각하기 쉬운 부분인데, AMM 서치 시트는 직접 라이프워크lifework(일생 만족을 느끼면서 할 수 있는 일 - 역주)를 찾아내기 위한 용도가 아니다. 자신의 가치를 분석하고 찾아가는 과정에서, 그 결과가 라이프워크의 발견으로 이어지는 사례는 많다. 하지만 지금 당신이 가진 비싸게 팔리는 강점이 반드시 당신의 라이프워크인 것은 아니다.

그런 경우는 애초에 당신이 설정한 라이프워크가 정말 자신의 라이프워크인지를 확인해보는 것이 좋다. 그 결과, 라이프워크 자체가 바뀔 가능성도 있다. 지금까지 라이프워크라고 생각했던 일이 그렇지 않은 일이 될 수 있고, 새롭게 찾아낸 '잘 팔리는 강점'이 라이프워크가 될 수도 있다. 한편, 끝까지 라이프워크를 실현하고 싶은 경우는, 그에 필요한 강점을 갈고닦는 방향으로 전환하게 된다.

5. AMM 서치 시트로 변화를 느끼기 어려운 사람

AMM 서치 시트를 사용해도 '새로운 커리어'를 찾지 못할 가능성이 큰 사람이 있다. 바로 새로운 커리어를 추구하지 않는 사람이다. 이런 사람들은 극단적으로 두 가지 유형이 있다.

하나는 현재 직업에 매우 만족하고 있는 사람이다. 지금 하고 있는 일이 라이프워크이거나 천직이며, 스스로도 그렇게 자각한다. 그런 사람이라도 더 높은 무대를 향해 새로운 커리어를 모색하고 있는 경우라면 예외이지만, 이미 만족도가 높은 사람은 새로운 커리어를 찾기가 어려울 수 있다.

또 다른 유형은 그와 정반대로 이미 포기한 사람이다. AMM 서치 시트는 이름 그대로 강점을 찾는 도구다. 애초에 강점을 찾고자 하는 의욕이 없는 사람은 아무것도 발견할 수 없다. 인생을 포기했어도 마음 한구석에 '그래도 뭔가 할 수 있을 거야'라고 생각하는 사람은 현재 '추구하고 있는 상태'이므로 문제없다.

6. 전체를 부감하면서
각 스텝을 보완한다

AMM 서치 시트는 스텝 1부터 스텝 11까지 기입하는 순서가 정해져 있다. 이 순서에 따라 생각해나가는 것이 가장 빠른 시간 안에 커리어 이미지를 구축하는 방법이다. 하지만 아무리 해도 도중에 벽에 부딪쳐 계속 작성하기 어려운 상황도 생길 것이다. 그럴 때는 그 부분은 비워두고 나중에 다시 생각해도 괜찮다.

AMM 서치 시트의 특징 중 하나는 강점을 돈으로 바꾸는 데 필요한 요소들을 전체적으로 한눈에 관찰할 수 있다는 점이다. 따라서 전체를 바라보면서 부분을, 혹은 부분에서부터 전체적인 상을 그려나간다. 또는 각 스텝의 상호 관계를 살펴보면서 다듬어 완성해나간다. 그러므로 쓰기 어렵다고 느껴질 때는 일단 건너뛰고, 나중에 시트를 전체적으로 한눈에 부감하며 생각해보면 불현듯 아이디어가 떠오르기도 한다.

그렇다고 해도 AMM 서치 시트에서 가장 난처한 상황은 '쓸 내용이 아무것도 없을 때'다. 사소한 단서라도 무언가 있으면 거기에서부터 파고들 수 있지만, 아무것도 쓸 내용이 없다면 파고들 수가 없다. 그러므로 어떻게든 생각을 '해내고', '짜낸다는' 자세로 찾아보기 바란다.

7. 언어화라는 강력한 아군

AMM 서치 시트는 생각만 하는 것이 아니다. 실제로 각 스텝을 글로 쓰게끔 되어 있다. 막상 시트를 작성하려고 할 때 '머릿속에는 있지만 잘 표현할 수 없다'고 느끼는 경우도 있을 것이다.

언어화할 수 없는 상태란 '자신 스스로가 납득할 수 없는, 즉 확신을 갖지 못한 상태'라고 할 수 있다. 그리고 원래 언어화를 잘하지 못하는 사람은 어휘력이 부족한 경우가 많다. 언어화를 잘하는 사람은 머릿속에 있는 흐릿한 이미지를 자신의 수많은 어휘 중 의미가 딱 들어맞는 단어와 맞춰가면서, 내면에서 '바로 이거야!' 하고 긍정하고 이해할 수 있는 표현을 찾을 수 있다.

그러면 어떻게 해야 어휘력을 늘릴 수 있을까? 빠르고 손쉬운 방법으로는 유의어를 활용하는 방법이 있다. 예를 들어, 스텝 5에서 '당신이 할 수 있는 일'을 생각할 때, '누군가와 갈등을 겪어도 원만하게 해결할 수 있다'라는 내용을 표현하고 싶지만 글로 잘 쓰지 못한다고 가정하자. 그럴 때는 단번에 완성형 단어를 찾으려고 하지 말고 어색해도 좋으니 의미에 가까운 단어나 문장으로 표현해보는 것이다.

만약 '사람을 잘 설득할 수 있다'를 떠올렸다고 하자. 하지만 '설득하다'라는 말과 의미하는 바가 조금 다르다고 느껴진다면 '설득'의 유의어를 찾는 것이다. 찾다 보면 '다른 사람의 생각을 바꾸기 위해 여러 가지를 시도하는 것'이라는 카테고리에서 '협상'이라는 단어를 발견할 수 있다. 또한 '다른 사람이 특정한 행동을 하도록 영향을 미치는 일'이라는 카테고리에서 '호소' '권유' '유도' 등의 표현을 찾을 수 있다.

자신이 논리적으로 설득하거나 협상하기보다는, 경청하고, 결론의 방향을 유도하는 데 더 재능이 있다고 생각되면 이번에는 '유도하다'의 유의어를 찾는 것이다. 그러면 '인도하다'라는 단어가 나온다. 이런 식으로 유의어를 찾아가다 '갈등을 원만히 해결 짓는 방향으로 이끌 수 있다'라고 표현하면 자신이 떠올린 이미지와 정확히 일치할 수 있다.

이처럼 단어 연상 게임과 같은 느낌으로, 뜻이 서로 비슷한 말을 찾다 보면 자신의 머릿속에 있는 이미지와 딱 맞는 표현을 찾을 수 있다.

이번 장에서는 AMM의 개요를 설명하고, 시트를 작성할 때 유의할 점을 알아보았다. 다음 장부터는 실제로 AMM 서치 시트의 각 스텝을 작성하는 방법에 대해 자세히 설명하겠다.

당신의 강점을 비싸게 팔아라

3장

당신의
강점을
찾아내는
7단계

Step 1.
이름

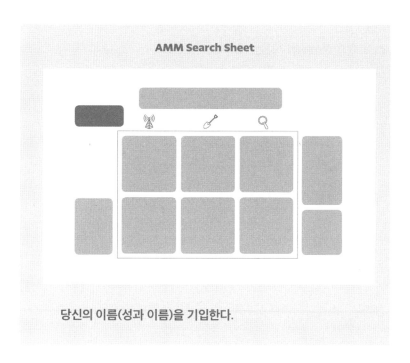

AMM Search Sheet

당신의 이름(성과 이름)을 기입한다.

이제 드디어 AMM 서치 시트를 사용해 당신의 강점을 돈으로 바꾸는, 혹은 돈이 되는 강점을 찾아내는 프로세스로 들어간다. 구체적으로 시작해보자.

먼저 처음에는 가볍게 긴장부터 풀어보자. 자신의 강점을 돈으로 바꾼다는 것은 일생의 과제이며 중대한 문제이지만, 그렇다고 해서 미간을 찌푸리면서 필사적으로 생각하지 않아도 된다. 왜냐하면 AMM 서치 시트는 '이런 실적이 있으니, 이런 강점을 찾아낼 수 있지 않을까' '이런 관점으로 볼 수 있겠구나'와 같이 퍼뜩 떠오르는 '아이디어'나 '깨달음'이 핵심이기 때문이다. 그러므로 긴장을 풀고 유연하게 생각하는 게 중요하다.

미간에 주름을 찌푸리고 있으면 뇌파가 베타파(뇌 활동의 주파수가 13Hz 이상인 불규칙한 뇌파 - 역주)가 되어버린다. 느긋하게 긴장을 풀고 뇌파를 알파파(뇌 활동의 주파수가 8~12Hz로, 정상적인 성인이 편안한 상태일 때, 휴식을 취할 때 나오는 뇌파 - 역주)로 바꿔야 창의력을 발휘할 수 있으니, 스트레칭이라도 하면서 편안한 마음으로 시작해보자.

이제 스텝 1로 들어가자. 먼저 당신의 이름을 쓴다. 깊이 생각할 필요는 없다. '나는 누구인가?'를 파고들기에 앞서 당신 자신을 확인하기 위해 이 스텝을 마련했다. 회사명이나 소속 부서 등의 정보는 전혀 필요 없다. 이름만 간단히 적자.

　여기서 주의할 점이 하나 있다. 비즈니스를 할 때 본명이 아닌 가명을 쓰는 사람은, 이 스텝에서 반드시 본명을 적어야 한다. 비즈니스용 이름을 쓰면, 아무래도 그 이름을 사용하기 시작했을 때의 자기 이미지에 강하게 사로잡힐 수밖에 없기 때문이다. AMM 서치 시트는 과거와 미래 양방향에서 접근하기 때문에, 가능한 한 그러한 편향된 이미지를 배제하고 백지 상태에서 작성해야 한다. 반드시 여기에서는 본명을 쓴다.

Step 2.
최고의 일

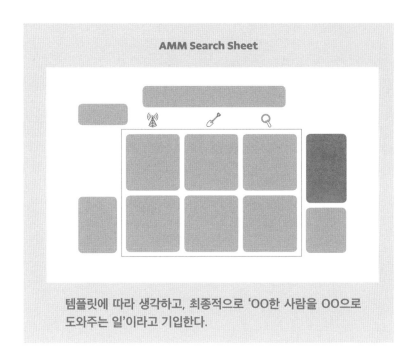

AMM Search Sheet

템플릿에 따라 생각하고, 최종적으로 'OO한 사람을 OO으로 도와주는 일'이라고 기입한다.

스텝 2에서는 '당신에게 있어 최고의 일은 무엇인가?'를 생각한다. 갑자기 스텝이 어려워졌다고 느낄 수 있지만, 안심해도 좋다. 여기서는 접근하기 쉽게 '빈칸 채우기 템플릿'이 준비되어 있다. 어렵게 생각하지 말고, 템플릿에 따라 생각해보자.

처음에는 이 스텝 2를 '최고의 일'이 아니라 '이상적인 일'이라고 했었다. 하지만 '이상'이라고 말하면 '남쪽 섬에서 여유롭게 지내면서 하루에 4시간, 주 3일, 마음 맞는 친구와 즐겁게 할 수 있는 일'과 같이 아무래도 '라이프스타일'과 관련된 발상을 펼치는 경향을 보였다.

이러한 사고 자체를 부정할 생각은 없지만, 그대로 두면 '당신이 구매하는 측에 제공할 수 있는 가치'가 모호해지기 때문에 앞으로 당신의 능력과 시장을 매칭하기가 어려워진다. 그래서 '이상적인 일'이 아니라 '당신에게 있어 최고의 일은 무엇인가?'라는, '당신이 회사·구매자에게 제공할 수 있는 가치'를 명확히 이미지화할 수 있도록 '최고의 일'이라는 표현으로 바꾸었다. 게다가 추상적인 표현을 피하고자 빈칸 채우기 템플릿도 함께 준비했다.

빈칸 채우기 템플릿에 대해 설명을 덧붙이자면, AMM에서는 '일이란 감사받는 것'이라는 사고방식을 바탕으로 하고 있다. 아무리 높은 보수를 받더라도 아무도 고마워하지 않고 기뻐하지 않고,

미더워하지 않는 일만큼 허무한 일은 없다. 즉, **일에 대한 대가를 받는 것=감사의 증표**라고 생각한다.

1장에서도 언급했지만 "고맙습니다"라는 말은 구매하는 측이 해야 하는 인사이며, 판매하는 측은 그 인사에 "별말씀을요" 하고 대응하는 것이 가장 기본이다.

판매자가 머리를 숙여서 상대가 '사준 것'이 아니다. 판매자는 가치 있는 상품과 서비스를 제공해 구매자가 안고 있는 문제를 해결해주었거나 이상을 실현해주기 위한 '솔루션'을 제공한 것이다. 다시 말해, 구매자에게 도움이 되는 일, 좋은 일을 제공하기 때문에, 구매자는 판매자에게 '감사하는 마음'을 갖는다. 이것이 판매자와 구매자의 건전한 관계다.

또한, 영어에서는 "Thank You"라는 인사에 일반적으로 "You are Welcome"이라고 답하지만, **"My Pleasure"**라는 표현도 있다. 나 기누타는 'My Pleasure'라는 말을 처음 들었을 때 정말 감동했다. 회사원 시절, 호주 출장을 갔을 때의 일이다. 현지 상사 직원이 고객사의 사무실과 공장을 차로 안내해줬다. 일정을 모두 소화하고 돌아왔을 때 "오늘 하루 정말 고마웠네. 무척 의미 있는 하루였어. 하지만 자네는 하루 종일 일을 못했을 테니 미안하구먼" 하고 감사의 인사를 전하자, 그 직원은 무척 기쁜 표정으로 "My

Pleasure"라고 말해주었다. 이 말의 뜻을 정확히 살려 번역하기 어렵지만 "그게 나의 기쁨이니까요" "나도 즐거웠는 걸요"라는 뉘앙스다.

이처럼 AMM에는 상대에게 고맙다는 감사 인사를 받는 것이 자신에게는 즐거움이자 기쁨이라는 사고방식이 토대에 깔려 있다. 그리고 이는 다음과 같은 공식으로 나타낼 수 있다.

대가 = 감사의 증표 = 나의 기쁨My Pleasure

그러므로 우선은 다음 빈칸 템플릿에 단어를 넣어보자. **'어떤 식으로 감사 인사를 받는 것이 내게 기쁨Pleasure인가?'**를 이미지로 떠올리면서 기입해보자.

> 고마워. 당신 덕분에 OO할 수 있었어!
> 고마워. 당신이 OO해줘서 무척 기뻤어(도움이 됐어)!

기입 예시

- 고마워. 당식 덕분에 영업 스트레스를 해소할 수 있었어!
- 고마워. 당신이 프로젝트 리더를 맡아줘서 무척 기뻤어!
- 고마워. 당신이 업무 툴을 개발해줘서 큰 도움이 됐어!

다음으로, '이 말을 하는 사람은 누구인가?'를 생각해보자. 구체적으로 이미지를 떠올리는 것이 바람직하지만, 만약 어렵다면 스텝 2에서는 막연하게 표현해도 괜찮다.

예를 들면, 'OO으로 고민하는 40대 여성' 'OO을 원하는 20~30대 회사원'과 같은 구체적인 표현이 이상적이지만 'OO하고 있는 사람(회사)'이나 '젊은 남성' 정도의 추상적인 표현도 괜찮다.

게다가 회사원이나 NPO법인 등 조직에 소속된 사람으로, 인사나 연구 개발 등의 업무를 맡아 직접 소비자와 접점이 없고, 고마움을 표현할 사람이 사내(조직 내)에 있는 경우에는, 회사 내(조직 내) 사람이라도 상관없다. 한편, 소비자와 직접적인 접점은 없어도 소비자가 고마워하는 장면을 상상할 수 있다면 그 사람을 적어도 괜찮다.

감사의 말과 감사하고 있는 사람을 이미지로 떠올릴 수 있다면 최종적으로 다음 빈칸을 채워 완성한다.

> 당신에게 있어 최고의 일은
> OO한 사람을 OO으로 도와주는 일

- 영업 실적이 오르지 않아 고민하는 사람을 팔려고 하지 않아도 잘 팔리는 방법으로 도와주는 일
- 스타트업의 영업 담당자를 프로젝트 추진으로 도와주는 일
- IT 인재난을 겪고 있는 지방의 중소기업 경영자를 업무 효율화 툴 도입으로 도와주는 일

Step 3.
현재의 일

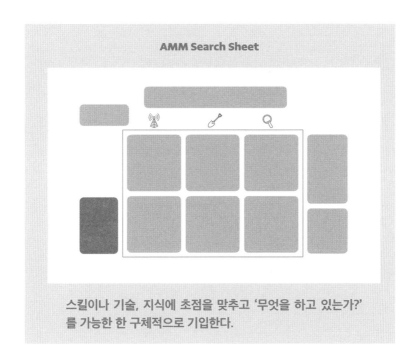

AMM Search Sheet

스킬이나 기술, 지식에 초점을 맞추고 '무엇을 하고 있는가?'
를 가능한 한 구체적으로 기입한다.

다음은 스텝 3 '현재의 일'이다. 여기서는 **'현재 어떤 일을 하고 있는 가?'** 를 작성하는데, 단순히 회사명이나 소속 부서, 직종을 적는 게 아니라 구체적인 업무 내용을 알 수 있게 적어야 한다. 만약 현재 일을 하고 있지 않다면 가장 최근에 했던 일을 생각하면 된다.

이때, 특히 유의해야 할 점은 당신이 **'어떤 스킬이나 기술, 또는 지식을 사용해 그 일을 하고 있는가?'** 다. 간단히 말해 당신이 지금 무엇을 하고 있는지를 적는 것이다.

당신은 지금 무엇을 하고 있는가? 이 간단한 질문에 답하기란 의외로 어렵다. 하지만 이 질문이 뒤에 나오는 스텝 5 '당신이 할 수 있는 일'과도 연관이 있기 때문에 중요한 핵심이 된다.

구체적으로 예를 들어보자. 만약 지금 하고 있는 일을 'OO자동 차 법인영업부 영업1과'라고 썼다면, 이는 단순히 부서명을 기입 했을 뿐이므로 적합하지 않다. 그 부서에서 '당신은 무슨 일을 하고 있는지' 알 수 있도록 써야 한다. 이를테면 'OO 지역 내 법인 상 대로 소형 트럭을 판매'라고 쓰는 것이다.

이 외에 부적합한 예시, 적합한 예시를 구체적으로 살펴보자.

부적합한 예시

① 주식회사OO 영업 총괄부 시스템 담당

② 세무사

③ 영업 컨설턴트

적합한 예시

① 섬유업의 수·발주 시스템 유지 보수와 사내외 요청 사항을 접수하고 개선 사양을 정리해 관련 업체에 발주하는 업무

②OO 지역 내에서 주로 개인사업자의 확정신고 및 세무 전반에 대한 지원

③ 중소기업에서 창업자가 2세에게 사업 승계를 원활하게 진행할 수 있도록 일정 기간 그 기업에 들어가 권한 위임에 대해 구체적인 자문을 실시

'지금 하고 있는 일'은 하나로 좁힐 필요는 없다. 여러 개를 꼽아도 괜찮다. 다만, 지나치게 세분화하지 말고 스킬이나 기술, 지식 단위로 크게 구분한다.

여기에서는 과거에 했던 일이 아니라 지금 하고 있는 일을 적어야 한다. 지금 일하고 있지 않은 사람의 경우에는 가장 최근에 한 일을 생각해 적는다. '과거에 했던 일'에 관해서는 스텝 4의 '당신의 실적'과 스텝 5의 '당신이 할 수 있는 일' 중에서 생각한다.

만약 '나는 지금 도대체 무슨 일을 하고 있는가?'라는 관점에서 생각해도 좀처럼 머리에 떠오르는 것이 없을 때는 다음과 같은 각도에서 살펴보면 좋다.

- 주로 하고 있는 일은 무엇인가?
- 가장 마음에 드는 일, 또는 열정을 쏟고 있는 일은 무엇인가?
- 잘하는 업무는 무엇인가?
- 가장 시간을 들여 하는 업무는 무엇인가?

'지금 하고 있는 일이 너무 싫다. 그래서 쓸 내용이 하나도 없다.' 이런 경우라도 '가장 시간을 들여 하는 업무'는 있을 것이다. 그래도 너 이상 떠오르는 게 없을 때는 일단 부서명이나 직종을 임시로 기입해두자. 뒤에서 소개할 스텝 5에서 과거의 일을 포함해 '당신이 할 수 있는 일'을 자세히 파헤쳐나갈 예정이니 그때 다시 생각해보자.

다음은 스텝 4, 드디어 AMM 서치 시트의 핵심이라고도 할 수 있는 가운데 테두리를 채운다.

Step 4.
당신의 실적

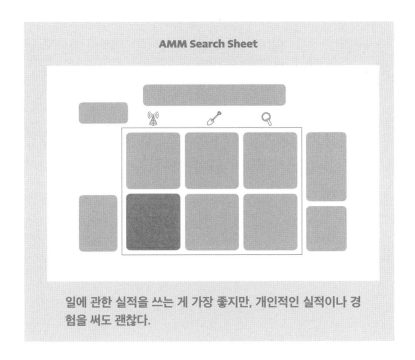

일에 관한 실적을 쓰는 게 가장 좋지만, 개인적인 실적이나 경험을 써도 괜찮다.

지금부터 스텝은 (앞에서 언급한 대로) 하단의 왼쪽에서 오른쪽으로, 그리고 상단의 왼쪽에서 오른쪽으로 이동한다. 먼저 왼쪽에서 오른쪽 방향으로 나아가며 스텝 4부터 스텝 7을 기입하고, 그 후 같은 방향으로 스텝 8부터 스텝 10을 기입해나간다.

AMM 서치 시트

Step 11 새로운 커리어 이미지

Step 1 이름

Step 8 타인과의 비교

Step 9 그것은 무엇이 좋은가?

Step 10 가장 가치를 누릴 수 있는 사람은?

Step 2 최고의 일

Step 3 현재의 일

Step 4 당신의 실적

Step 5 당신이 할 수 있는 일

Step 6 최고의 일에 부족한 점

Step 7 부족한 점 해소

그러면 스텝 4, 여기에는 '당신의 실적'을 적어 넣는다. 과거에 했던 일에 관한 것뿐만 아니라, 지금 하고 있는 일에서 올린 실적도 포함해서 생각하자. 그런데 "나한테는 실적이라고 할 만한 게 없다"고 말하는 경우가 많다. 이는 정말로 비일비재하다. 하지만 그렇게 말하는 사람이라도 차근차근 질문을 이어가다 보면, 다양한 실적을 갖고 있기 마련이다. 지금부터 실적을 찾아내는 요령을 알려줄 테니, 긴장을 풀고 '그러고 보니 이런 게 있었구나'라는 느낌으로 찾아보자.

스텝 4에서 실적을 확인하는 목적은 두 가지가 있다. 하나는 '당신의 스킬이나 기술, 지식을 객관적으로 증명할 수 있는 것'을 찾기 위해서다. 다른 하나는 바로 뒤에 나오는 스텝 5 '당신이 할 수 있는 일'을 생각하는 데 실마리를 찾는 것이다. 실적이 있으면 그 실적을 바탕으로 '나는 이런 일을 할 수 있다'는 컨셉을 찾아내기가 수월하기 때문이다.

상품이나 서비스를 파는 경우에도 실적은 증거의 역할을 한다. 아무리 뛰어난 기능 또는 능력이 있다고 어필해도, 그것이 사실이라는 믿음을 주지 않으면 구매로 이어지지 않는다. 이 다음 스텝에서 당신의 강점을 재정의하고 그 강점을 어필해나가는데, 그때 강점이 실적으로 뒷받침되어 있으면 강력한 증거로 기능한다. 만약 강점과 직접적인 연결고리가 없다고 해도, 어느 정도 관련된 실적이 있다면 상대방에게 '틀림없이 잘할 수 있겠구나'라는 인상을 심어줄 수 있다.

다만 실적이 없다고 해서 절대 안 되는 건 아니다. 누구나 처음에는 실적이 없는 상태(제로)에서 시작하기 마련이다. 그러므로 지금 실적이 전혀 없다고 해서 앞으로도 불가능하다고 지레 포기해서는 안 된다. 이미 프리랜서로 독립했거나 창업한 사람들은 잘 알겠지만, 유상으로 첫 주문을 받았을 때는 그리 대단한 실적이 없었을 것이다.

특히 상품이나 서비스의 독자성이 두드러지는 경우는, 카피라이팅 세계에서 업리 어답터early adopter(기술 이해도가 빠르고 새로운 것에 대한 호기심과 열정이 강해 최초로 생산된 제품과 신기술을 남들보다 먼저 구입해 사용하는 사람 - 역주)라고 불리는, 상품이나 서비스의 초기 단계에서도 품질과 실적을 그다지 신경 쓰지 않고 구입하는 사람이 일정 수 존재하기 때문이다.

또한, 실적을 파악할 때는 가능한 한 자신의 '실적이나 기술, 지식'에 관한 것을 찾아보자. 하지만 갑자기 처음부터 찾으려고 하면, 잘되지 않는다. 그러니 처음에는 브레인스토밍처럼 떠오르는 대로 실적이라고 생각되는 것을 하나하나 종이에 적어보는 것이 좋다. 그리고 나서 그중 당신의 스킬이나 기술, 지식에 관련된 내용을 골라 AMM 서치 시트에 작성하는 방법을 추천한다.

실적을 생각해내는 방법은 크게 세 가지로 구분할 수 있다.

(1) 일에 관한 실적

(2) 사적인 실적

(3) 스킬이나 기술, 지식에 관한 경험

먼저, 일에 관한 실적이다. 전형적인 예로 다음과 같은 것이 있다.

① 사외 수상 경력 …… 콩쿠르나 대회에서 입상

② 사내 표창 이력 …… OO상 수상(개인이 아니라 직장의 일원으로서 수상한 경우도 포함한다)

③ 상품 또는 서비스 채택 실적 …… 자신이 개발한 상품이나 서비스가 유명한 곳에서 채택된 사실(누구나 알고 있는 회사나 권위 있는 기관이라면 더욱 좋다)

④ 실적의 수치화 …… 예. OO(상품·서비스)을 누계 OOO원 이상 or OO개 판매

이 중에서 가장 난도가 높은 것은 '① 사외 수상 경력'이고, 비교

적 찾아내기 쉬운 것은 '④ 실적의 수치화'다.

그렇다면 헤어디자이너를 예로 살펴보자.

헤어디자이너는 '머리카락을 자르는' 일이 주된 업무다. 그러므로 하는 일 자체는 기본적으로 모두 똑같고, 그 사람의 기량만 차이가 난다. 그렇지만 헤어 커트 콘테스트에서 상을 받아 그 수상 이력을 차별화 요인으로 삼는 것은, 상당히 성취하기 어려운 일이다. 반면에 다음과 같이 수치를 언급하는 것은 누구나 비교적 쉽게 할 수 있지 않을까.

예를 들어, 3개월 정도 실적을 쌓아보고, 하루에 고객 세 명의 커트를 맡는다고 하자. 그러면 한 달에 20일을 근무한다고 해도 1년이면 720명의 커트를 하게 된다. 헤어디자이너로서 경력 3년 차가 되면, 720명×3년=2160명. 이만큼의 커트 실적이 쌓이는 것이다. 이 경우 '헤어디자이너 경력 3년에 2000명 이상의 커트 실적'이라고 표현할 수 있다.

너무 대충 어림잡으면 거짓이 되기 쉬우니 적어도 이 정도의 실적이 있다는 선에서, 정확히 추산하는 게 좋다. 실제보다 수치를 크게 부풀리면 유사시에 양심에 가책을 느끼게 되지만, 현실적으로 타당한 수치라면 자신 있게 실적을 말할 수 있을 것이다.

또한, 오늘날에는 부업에서 얻는 실적도 있다. 그중에는 본업에서는 실적이라고 부를 만한 성과가 없지만 오히려 부업에서 내세울 만한 성과를 올리는 케이스도 있을 것이다. 그런 경우에는 부업에서 거둔 실적을 적어도 좋다.

다음은 사적인 실적이다. 일 이외에 개인적인 취미나 지역 활동 등으로 범위를 넓혀 생각해보자. '(1) 일에 관한 실적'을 몇 가지 떠올렸다면 무리하게 범위를 확장해 찾을 필요는 없지만, 일에서 실적이라고 할 만한 성과를 찾지 못한 경우에는 일 외의 영역에서 찾아보자. 취미나 스포츠, 지역 활동 등으로 말하자면, 다음과 같은 것을 예로 들 수 있다.

- OO 지역 테니스대회 복식 경기 3년 연속 우승
- 보이스피싱 피해를 막아 OO 지역 경찰서에서 감사장을 받았다

이와 같은 일 이외의 실적이 능력과 시장의 매칭과는 관계가 없다고 생각할 수도 있다. 하지만 언뜻 아무런 연관성이 없다고 생각되는 실적이 실제로 스텝 5의 '당신이 할 수 있는 일'로 이어지는 경우를 자주 목격한다. 또한 그중에는 일 이외에서 현저한 실적을 많이 쌓은 사람도 간혹 있다. 그 사람은 현재나 과거에 하던 일과

관련된 강점은 없었지만 일 이외의 다른 분야에서 발견하지 못한 강점이 있었다고 할 수 있다.

특히, 사회에 나온 지 1, 2년쯤 된 사회 초년생들이라면 일에서는 좀처럼 실적을 찾아내지 못하는 경우가 많을 것이다. 그런 경우에도 일 이외의 다른 분야에서 실적을 찾아야 한다. 단, 학생 시절의 실적은 스킬이나 기술, 지식을 특히 염두에 두고 찾아야 한다. 예를 들어 '고교 시절 축구부 주장이었다'라는 사실은 실적이라고 할 수 있지만, 조금 더 파헤쳐 생각해야 한다. '연습 시간이 길어 탈퇴를 희망하는 부원이 많이 나왔지만 주장으로서 연습 시간을 고문 선생님과 협의해 바꾸었고, 그 결과 부원들의 마음을 되돌려 탈퇴를 막았다.' 이런 실적이라면 리더십이나 협상 능력의 증거로서 사용할 수 있다.

마지막으로 스킬이나 기술, 지식에 관한 경험이다. 예를 들면, '제지업의 원가계산을 4년 담당' '어패럴업계에서 5년간 신규 비즈니스 모델을 구축' 등이 있다. 이 경력만으로도 확실히 실적이라고 할 수 있지만 발상을 더욱 확장할 수도 있다. '제지업의 원가계산을 담당하면서 사내 원가 절감을 추진해 비용을 O% 절감했다'와 같은 실적은 없을까? 혼자서 쌓은 실적이 아닌 팀이나 부서 단위로 이룬 성과일지라도, 주체적으로 이끌었거나 참여했다면, 그것은 실적이라고 할 수 있다.

아무리 찾아도 실적이라고 할 만한 내용이 정말 하나도 없는 경우는, 일단 스텝 4를 빈칸으로 남겨두고, 나중에 다시 생각하자.

Step 5.
당신이 할 수 있는 일

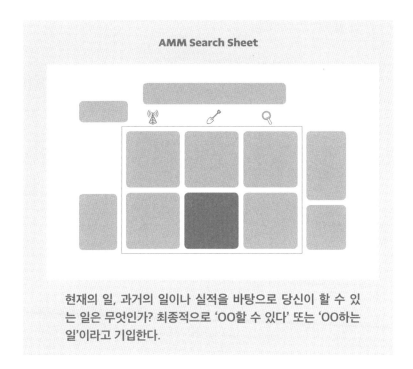

AMM Search Sheet

현재의 일, 과거의 일이나 실적을 바탕으로 당신이 할 수 있는 일은 무엇인가? 최종적으로 'OO할 수 있다' 또는 'OO하는 일'이라고 기입한다.

이번 스텝 5에서는 스텝 3의 '현재의 일'과 스텝 4의 '당신의 실적'을 토대로, 당신이 할 수 있는 일을 파헤쳐나갈 것이다. 스텝 5는 이후의 스텝에 밑바탕이 되는 중요한 부분이다.

스텝 5는 크게 두 단계로 나뉜다.

(1) '할 수 있는 일'을 여러 개 아웃풋한다

(2) (1)에서 아웃풋한 일들 중에서 가장 임팩트 있으며, 스텝 2의 '최고의 일'에 가까운 일을 하나 선별해 '확실하게 OO할 수 있다' 또는 'OO하는 일'이라고 표현한다

우선은 할 수 있는 일을 여러 개 아웃풋해보자. 여기도 빈칸 채우기 템플릿을 준비해두었다.

> OO할 수 있다 or OO하는 일

기입 예시

• 난해한 논문을 읽고 해석해 알기 쉽게 설명할 수 있다
• 올바른 신체 사용법을 가르쳐줄 수 있다
• 복잡하게 얽힌 사태나 상황을 이해하기 쉽게 정리하는 일
• 미래의 상태를 시뮬레이션 하는 일

먼저, 기본적으로 일을 하고 있는 사람이라면 '할 수 있는 일이 전혀 없다'고는 생각하기 어렵다. 사회인이 된 지 아직 한 달밖에 되지 않았거나 일한 경험이 적은 사람은 예외이지만 대부분은 '이런 일을 할 수 있다'는 것이 무엇이든 있기 마련이다.

스텝 4의 '당신의 실적'에서 할 수 있는 일을 도출해내면 가장 좋다. 자신이 할 수 있다고 생각한 일을 객관적으로 증명할 수 있기 때문이다. 하지만 실적이 뒷받침되는 두드러지게 뛰어난 일이 아니더라도 '나는 이걸 할 수 있어!'라고 명확하게 정의할 수 있으면, 그것으로 충분하다. 거창하게 생각하고, 남들에게 자랑할 수 있는 탁월한 무언가를 찾으려고 하면 금세 생각이 막혀버린다. 이 단계에서는 실적이나 남들은 할 수 없는 일이라는 관점을 일단 제쳐두고 스킬이나 기술, 지식의 관점에서 '자신이 할 수 있다고 생각하는 일'을 찾으면 된다.

'할 수 있는 일'을 찾아내는 5가지 접근법

만약 자신이 할 수 있는 일을 쉽게 발견하지 못하는 경우는 다음 다섯 가지 접근법을 활용해 찾기 바란다. 다섯 가지 방법을 모두 다 실행할 필요는 없다. 자신에게 맞는 방법, 또는 할 수 있을 것 같은 방법을 선택하고 시도해보자.

[접근법 ①] 투입 시간

[접근법 ②] 시야 확대

[접근법 ③] 스케일업

[접근법 ④] 잠재력 발굴

[접근법 ⑤] 쏟아붓기

각 방법을 구체적으로 설명하겠다.

[접근법 ①] 투입 시간

첫 번째 접근법은 투입 시간이다. '자신이 지금 시간을 가장 들이고 있는 일 또는 과거에 시간을 가장 많이 들인 일은 무엇인가?'를 생각하는 방법이다. 당신 자신은 자각하지 못해도 남들보다 시간을 투자하고 있는(투자했던) 일은 '다른 사람은 할 수 없는 일=당신은 할 수 있는 일'일 가능성이 크다.

이를테면 업무에 엑셀 프로그램을 활용하는 일이 다른 사람들보다 많은 경우, 보통 사람은 좀처럼 사용하지 않는 함수 기능을 능숙하게 사용한다거나 혹은 업무 효율화를 위해 수많은 단축키를 능숙하게 다룰 수 있다. 남들보다 조금 더 아는 정도라면 모르지만, 당신이 당연하게 하고 있는 일이 실은 당연한 일이 아니며 '훌륭한 전문가' 수준일 수도 있으니, 그러한 관점에서 찾자.

기본적으로 프로라고 불리는 사람은 그 일에 소비하는 시간이 굉장히 많은 법이다. '1만 시간의 법칙(어떤 분야의 전문가가 되려면 최소한 1만 시간 정도의 훈련이 필요하다는 법칙 - 역주)'이라는 말을 자주 들어봤을 것이다. 투자하는 시간이 일정 수준을 넘어서면 질적인 전환을 일으킨다는 뜻이다.

그래서 프로라고 불리는 사람은 대체로 다른 분야의 프로에게 일을 맡기는 경향이 있다. 이는 자신이 다른 분야의 스킬이나 지식을 익히는 게 얼마나 어려운 일인지를 이해하고, 자신이 그만큼의 시간을 쏟기보다 다른 사람의 능력 또는 시간을 빌리는 편이 훨씬 더 효율적이라는 사실을 잘 알고 있기 때문이다.

[접근법 ②] 시야 확대

다음은 시야 확대다. 이는 스텝 4의 '당신의 실적'에서도 말했듯이, 일 이외에 사적인 부분까지 포함해 시야를 넓혀서 찾는 방법이다. 일에서는 눈에 띄는 활약을 하지 못했다고 생각되어도 취미나 지역 활동의 영역에서 다른 사람이 좀처럼 따라 할 수 없는 일을 '할 수 있는' 사람도 있다.

이를테면 오랫동안 지역 자치회장을 맡고 있으면서 주민들이나 행정기관과의 교섭에 능숙한 사람도 있다. 그러한 사람은 훌륭한 '조율 능력'을 갖고 있는 것이다. 유화로 인물화를 무척 아름답게 그릴 수 있는 능력도 좋다. 그러한 관점에서 어찌 됐든 '할 수 있다'고 생각되는 일을 찾아보자.

[접근법 ③] 스케일업

다음은 스케일업scale up 접근법이다. 대충 머리를 짜내 '할 수 있는 일'을 생각해봤지만 왠지 너무 평범하게 느껴져 마음에 쏙 들지 않는 경우에 사용할 수 있는 방법이다.

예를 들어, 수입 자동차 판매 회사에 근무하고 있는 사람이 '할 수 있는 일'로 'BMW 신차를 판매할 수 있다'를 떠올렸다고 하자. 약간 평범해 보인다. 여기서 조금 더 생각해보자 '그러고 보니 고객은 현금으로 구매하는 사람이 많고, 어떤 고객과도 관계를 오래 지속한다'는 사실을 깨달았다. 그 사실로부터 '그 고객들은 부유층이며, 당신은 고급품 시장의 판매 네트워크를 가지고 있다'고 말할 수 있다. 그러면 BMW가 아니더라도 다른 고급차나 보석, 미술품 등을 판매할 수 있을 것이다. 이렇게 한 단계 더 파고들어, 한층 스케일을 넓힌 개념에서 '할 수 있는 일'을 발견할 수 있다.

[접근법 ④] 잠재력 발굴

다음은 잠재력potential을 발굴하는 방법이다. 이는 '당신 자신이 **편하게, 또는 쉽게, 고생하지 않고 할 수 있는 일은 무엇인가?**'를 생각해보는 방법이다.

예를 들면,

- 세심한 작업을 오랜 시간 계속하는 일
- 조직 분위기를 활기차게 만드는 일
- 초면인 사람과 오랫동안 대화하는 일

등이다.

이 접근법은 일반적인 강점을 찾아낼 때 사용하는 방법과 같다. 힘들이거나 애쓰지 않아도 할 수 있어서 미처 깨닫지 못한 일이지만, 그런 일 중에 다른 사람은 할 수 없지만 당신만 '할 수 있는 일'이 잠재해 있을 가능성이 있다.

[접근법 ⑤] 쏟아붓기

마지막은 쏟아붓기dump out로, **어찌 됐든 떠오르는 대로 써나가는 방법**이다. 이 방법의 핵심은 실제로 종이에 펜으로 글씨를 쓰거나 컴퓨터에 타자를 쳐서 입력해서, 문자로 '쓰기 시작하는' 데 있다. 머리로 생각만 하는 게 아니라 실제로 글자를 써서 아웃풋하는 데 의미가 있다.

이 쏟아붓기 접근법 중에서도 가장 바람직한 방법을 소개하겠다. 바로 '할 수 있는 일 1000'을 적는 것이다. 이 방법은 무척 힘들기 때문에 좀처럼 실행하는 사람은 없지만 나 기누타는 실제로 해보고 굉장히 큰 효과를 봤다. 꼭 시도해보기 바란다. 하는 법은 간단하다.

① 엑셀, 스프레드시트, 넘버스 등 표 계산 프로그램을 준비한다

② 100행 × 10열의 셀을 만든다

③ 셀 안에 자신이 할 수 있는 일을 1000개 써나간다

처음에는 30개 정도밖에 채우지 못할 수도 있다. 하지만 그래도 충분하다. 거기서부터 한 가지 일을 세분화해나가는 것이다. 예를 들어 '엑셀을 사용할 수 있다'고 적었다면, 할 수 있는 일이 하나밖

에 되지 않지만 엑셀에서 어떤 기능을 활용할 수 있는지를 최대한 세세하게 적으면 된다. '행을 삽입할 수 있다' '사칙연산 수식을 다룰 수 있다(경우에 따라서는 덧셈, 뺄셈, 곱셈, 나눗셈 네 가지로 나눠 적어도 좋다)'와 같이 적는 것이다. 다시 거기서부터 '그래프를 만들 수 있다'라는 생각이 떠올랐다고 하자. 그러면 막대 그래프, 원 그래프, 복합 그래프 등으로 할 수 있는 일을 세분화할 수 있다. 그 밖에도 '피벗 테이블pivot table(대량의 데이터를 집계하고 분석하는 기능 - 역주)로 표를 작성할 수 있다'는 내용도 나올 것이다.

이처럼 억지로라도 써나가다 보면 '이런 일도 할 수 있어. 저런 일도 할 수 있어' 하고 지금까지 의식하지 못했던 '할 수 있는 일'이 튀어나온다.

참고로 내가 처음 할 수 있는 일 1000개를 적었을 때도 억지로 짜내서 쓴 것이 많았다. 이를테면 'OO에 대해 말할 수 있다, 설명할 수 있다'는 내용이 꽤 많았다. 어떻게든 억지로 짜내다 보면, 그중에 어떤 특정한 분야에서 할 수 있는 일이 많이 나왔다는 것을 알게 된다. 내 경우에는 '세세한 작업을 끈기 있게 지속하고 분석해서 경향을 도출해내는 일'과 관련한 내용이 많이 나왔다. 그리고 그것들이 내가 할 수 있다고 생각하는 일을 찾아내는 데 소중한 실마리가 되었다.

이것으로, 자신이 할 수 있는 일을 좀처럼 찾아내지 못할 경우 시도할 수 있는 접근법으로 투입 시간, 시야 확대, 스케일업, 잠재력 발굴, 쏟아붓기 다섯 가지 방법을 모두 소개했다.

이 접근법들을 이용해 '당신이 할 수 있는 일'을 여러 개 적었다면, 이번에는 그중에서 한 가지를 골라 다음 빈칸 채우기 템플릿을 완성해보자.

확실히 OO할 수 있다 or OO하는 일

기입 예시

- 확실히 복잡한 엑셀 함수식을 이해하기 쉽고 외우기 쉽게 설명할 수 있다
- 확실히 모두가 싫어하는 분쟁에 관해 쌍방이 납득할 수 있는 형태로 타협점을 찾아낼 수 있다
- 확실히 부유층 고객의 네트워크를 활용해서 고급품을 판매할 수 있다
- 확실히 어떤 세대의 사람을 처음 만나도 5분 이내에 친해질 수 있다
- 확실히 얽히고설킨 복잡한 상황을 풀고 문제의 핵심을 찾아낼 수 있다

여러 내용을 조합해 '할 수 있는 일'을 하나로 정의하는 것도 좋다. 재빨리 범위를 좁혀갈 때는 가장 임팩트가 있고, 스텝 2의 '최고의 일'에 가까운 것을 선택하면 된다.

Step 6.
최고의 일에 부족한 점

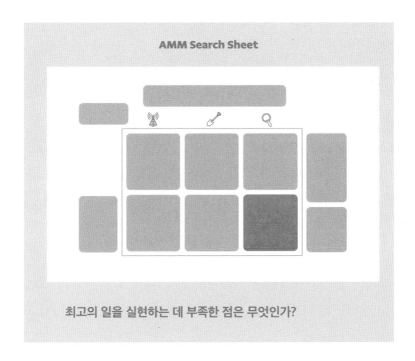

'현재 상황을 바꾸고 싶어.' '새로운 일을 시작하고 싶어.' 당신은 이렇게 생각하면서도 어딘가 무거운 사슬에 묶여 있기라도 한 듯 마음대로 움직일 수 없다고 느낀 적이 있는가? 새로운 일을 좋아하는 사람이라도, 곧바로 시작은 할 수 있는데, 금방 원상태로 되돌아오는 경우가 자주 있다. 당신에게도 이런 경험이 있을지 모르겠지만 이는 당신만의 문제가 아니다.

이런 상황에는 행동경제학에서 말하는 **'현상유지편향'**이 큰 영향을 미친다. 행동경제학은 기존의 경제학으로는 미처 설명하지 못하는, 인간의 비합리적인 의사 결정의 메커니즘을 분석하는 학문이다. 2002년 미국 심리학자이자 행동경제학의 창시자인 대니얼 카너먼Daniel Kahneman의 노벨경제학상 수상, 그리고 2017년 《넛지》의 저자인 리처드 탈러Richard Thaler 교수의 노벨경제학상 수상 이후 주목받고 있는 학문이다.

이 행동경제학의 이론 중 하나가 '현상유지편향'이다. 간단히 설명하자면 '사람은 변화로 연결되는 행동은 좀처럼 하지 않으려는 경향이 있다'는 이론이다. 하려고 했는데 하지 못했거나, 그만두려고 했는데 그만두지 못한 경우도 포함된다. 사람마다 정도의 차이는 있지만 누구에게나 현상유지편향은 있다.

나 기누타도 처음에 '회사원으로 계속 일하기 어려우니 다른 일을 찾아야 한다'는 생각이 들었을 때부터 실제로 퇴직하고 독립하기까지 9년이 걸렸다. 조금 더 자세히 밝히자면 머릿속에서 생각한 단계부터 드디어 무언가 해야겠다고 실제 행동으로 옮기기까지 7년이 걸렸고, 그로부터 2년 후에야 겨우 독립했다. 이처럼 무언가 새로운 일을 시작할 때 현상유지편향은 큰 걸림돌이 된다.

이 스텝 6에서는 **현상유지편향의 원인이 되는 '당신의 발전을 방해하는 것'이 무엇인지를 생각해볼 것이다.** 스텝 2에서 정의한 '최고의 일'을 실현하려고 할 때 '부족한 점이 무엇인가?'를 생각한다. 걸림돌이 되는 것이라는 관점에서 살펴봐도 좋다.

이것이 부족하다, 저것이 부족하다, 이게 있어서 할 수 없다 등의 경우다. 한발 내디딜 용기가 없다는 경우도 있을 것이다.

만약 부족한 점이나 방해가 되는 요소가 아무것도 없다면 그 최고의 일은 이미 실현되었거나, 실현의 고지를 향해 순조롭게 나아가고 있을 것이다. 그렇지 않다면 무언가 부족하고, 방해가 되고, 해결해야 할 과제가 분명히 있으니, 그것이 무엇인지를 생각해야한다.

참고로 몇 가지 대표적인 사례를 꼽아보았다.

• 회사의 이해나 허가를 받지 못한다

- 기술을 습득할 시간이 없다

- 창업 자금이 없다

- 설비를 갖출 자금이 없다

- 협력자가 없다

너무 심각하게 생각하지 말고, 가볍게 불평하거나 핑계를 찾는 다는 마음으로 해도 좋다. 뭔지 모를 무언가가 있지만 말로 잘 표현할 수 없다면, '그러니까…' '그렇긴 하지만…'으로 말을 시작해 다음에 나올 말을 생각해보자. 의외로 술술 나올 수도 있다. 시도 해보기 바란다.

Step 7.
부족한 점 해소

현재 당신이 가지고 있는 것으로 그 부족함을 해결할 수 있다면, 그것은 무엇인가?

스텝 6에서 여러 가지 부족한 점이 드러났을 것이다. 스텝 7 '부족한 점 해소'에서는 다음 질문을 생각한다.

'스텝 6에서 나온 것들은 언뜻 부족해 보이지만, 당신이 이미 가지고 있는 조건이나 능력으로 그 부족한 점을 해결할 수 있다면, 그것은 무엇인가?'

만약 당신이 부족한 점을 해결할 조건이나 능력을 가지고 있지 않더라도, 다른 사람에게 빌리는 방법도 있다. 이를테면 중국에서 비즈니스를 펼치고 싶은데 중국어 실력이 부족한 경우 중국어에 능통한 지인이나 친구의 도움을 받아 해결하는 것이다. 친구나 지인이 아니어도 통역가를 고용해 부족한 점을 보완할 수 있다. '최고의 일'을 실현하는 데 부족함을 해결할 조건이나 능력을 혼자서 준비할 필요는 없다. 파트너를 찾아 해결하는 방법도 생각해보기 바란다.

여기에서 중요한 점은 '가능하다면'이라는 전제다. '지금의 나에게는 부족하다. 그래서 불가능하다'라고 생각해버리면 사고가 멈춰버린다. '가능하다면'이라는 질문을 자신에게 던져야 새로운 가능성이 보이기 시작하는 것이다.

만약 자금이 부족한 경우라면 돈을 빌려 부족함을 해결할 수 있
다. '쉽게 빌릴 수 없으니까 난처한 거죠.' 이런 생각을 가지고 있
는가? '이런 일을 하고 싶다'는 비전과 '당신의 가치'를 전달한다면,
돈을 빌릴 수 있지 않을까? 이렇게 '가능하다면'이라고 긍정적으로
생각하자. 참고로, 부족함의 전형적인 예와 그것을 해결할 방법을
다음 표에 정리해두었다.

부족함의 전형적인 예	해결할 방법의 예
자금, 공간	빌린다
설비 등 물건	물려받는다, 양도받는다
스킬이나 기술, 지식	다른 사람의 도움을 받는다
인맥, 실적, 경험	없어도 크게 신경 쓰지 않는 사람을 찾는다
시간	어떻게든 만들어낸다
리더십, 카리스마 성향	있다고 생각한다
각오, 의욕 등 정신적인 힘	자신을 믿는다

이제 현상유지편향을 해소했으니, 다음 장에서는 서치 시트의
상단에 있는 스텝으로 이동하자.

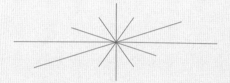

PERSONAL BRANDING

당신의 강점을 비싸게 팔아라

4장

당신의
시장 가치를
높이는
4단계

Step 8.
타인과의 비교

AMM Search Sheet

스텝 5 '당신이 할 수 있는 일'이 타인의 일과 다른 점, 그리고 쉽게 따라 할 수 없는 점은 무엇인가? 최종적으로 'OO이 남들보다 뛰어나다'라고 기입한다.

이제 시트의 상단, 스텝 8로 이동해 드디어 핵심으로 들어간다. 여기서부터는 스텝 5에서 언급한 '당신이 할 수 있는 일'의 시장 가치를 높여가는 과정이다.

시작은 스텝 8 '타인과의 비교'다. 스텝 5에서 '당신이 할 수 있는 일'을 '확실히 OO할 수 있다 또는 OO하는 일'이라고 표현했었다. 그에 관해서, 여기에서는, 다음 질문을 생각한다.

'당신이 할 수 있는 일이, 보통 남들의 일과 다른 점이나 쉽게 따라 할 수 없는 점은 무엇인가?'

최종적으로 찾아내야 하는 것은 **'타인과의 차이'**다. 다만 갑자기 타인과의 차이를 발견하기는 어려우므로, 처음에는 자신과 타인을 비교하는 데서부터 시작해, 그 과정에서 '차이점'을 발견해가자.

'타인과의 비교'에서는 카피라이팅의 **'포지셔닝**positioning**'** 사고방식이 도움이 된다. 포지셔닝이란, 시장에서 특정한 위치를 설정하는 것이다. 그렇다고 해도 단순히 '점유율 몇 위'를 말하는 것만은 아니다. '타사 또는 타사의 상품과 서비스를 비교하고, 어떻게 자사 또는 자사의 상품과 서비스를 차별화해 포지셔닝할 것인가?'를 고심하는 일이기도 하다.

유사한 상품과 서비스가 차고 넘치는 오늘날, 고객에게 **타사의 상품과 서비스가 아닌, 당신이 파는 상품과 서비스를 고르게끔 하려면, 타사와의 차이점을 확실히 인지시킬 필요가 있다.** 상품과 서비스가 타사와 차이가 없다면 선택할 기준은 가격뿐이다. 가격조차 현저히 차이가 난다면 고객의 구매 검토 대상조차 될 수 없다.

가전제품 매장처럼 취급하는 상품과 서비스에서 다른 매장과의 차이점을 찾아낼 수 없는 경우에는 부수적인 서비스에서 차별화를 꾀할 수 없을까 고민해봐야 한다. 이를테면 보증 기간이나 온라인 쇼핑몰에서의 배송비 등이다.

한편, 상품이나 서비스에 명확한 '차이점'이 있고, 대체할 수 있는 다른 상품이나 서비스가 없다면, 게다가 손에 넣기 어려운 상품과 서비스라면 가치가 올라간다. 즉, **'차이점'은 '희소성'과도 연결되는 것이다.**

말할 필요도 없이, 가격은 수요와 공급의 균형으로 결정된다. 공급량보다도 수요량이 많으면 가격은 올라가기 마련이다. 일본 최고의 경쟁 전략 전문가 구스노키 겐이《스토리로서의 경쟁 전략 ストーリーとしての競爭戰略》에서 말했듯이 페라리에는 수요보다 한 대 적게 생산한다는 절대적인 사훈이 있다고 한다. 이 사훈에 따라 페

라리는 희소성을 담보하고 있는 것이다.

상품이나 서비스와 마찬가지로 **개인의 커리어에도 수요와 공급의 균형이 큰 영향을 미친다.** 다른 많은 사람이 가지고 있는 스킬이나 기술, 지식은 시장 가치가 오르지 않는다. 그래서 이 스텝 8에서 포지셔닝, 즉 **'당신의 스킬이나 기술, 지식을 어떻게 시장에서 차별화해 포지셔닝할 수 있을까?'**를 생각하는 것은 매우 중요한 핵심이다.

포지셔닝을 하는 데는 다양한 시각이 필요하지만, 여기서는 커리어 개발에 그대로 통용되는 세 가지 관점을 소개하겠다. 바로 독자성, 전문성, 우위성이다. 이 세 가지 관점의 주요 내용을 간결하게 정리한 것이 다음의 표다.

관점	접근법	시장에서의 포지셔닝
독자성 (USP)	타인에게는 없는 독자적인 요소는 무엇인가? (다른 사람에게는 없는 스킬이나 기술, 지식)	다른 사람이 할 수 없는 일을 한다
전문성 (니치)	특정 분야에 특화된 OO 전문	사람들이 별로 하지 않는(하고 싶어 하지 않는) 일을 한다
우위성	독자적이지는 않지만 다른 사람들보다 우위에 있는 요소는 없는가?	누구나 할 수 있는 일을 아무나 할 수 없는 수준으로 한다

하나하나 상세히 살펴보자.

먼저, 독자성이다. 다른 사람과 똑같은 것이 아닌, 당신만이 갖고 있는 스킬이나 기술, 지식을 뜻한다. 독자성이 뚜렷하면 객관적으로도 다른 사람과의 차이를 쉽게 알 수 있고, 가치도 높아진다. 시장에서의 포지셔닝으로 보자면 독자성은 '남들이 할 수 없는 일'을 의미한다. 당연히 난도는 높아진다. 참고로 독자성을 카피라이팅에서는 USP라고 일컫는다. USP란, Unique Selling Proposition(제품이나 서비스 고유의 강점)의 약자다. 이 독자성이 차별화에 있어 가장 강력한 포지셔닝이 된다.

다음은 전문성이다. 이는 다른 사람들도 갖고 있는 비슷한 스킬이나 기술, 지식을 특정 업계나 분야에 특화함으로써, 그 업계나 분야에 최적화된 대응이 가능하다는 점을 차별화 요인으로 내세우는 접근법이다. 예를 들어 세무사라면 '건축·건설업 전문'이라고 이미지를 내세우는 식이다. 이처럼 특정 분야에 특화하는 것을 카피라피이팅에서는 '니치niche'라고 부른다. 니치란 틈새라는 의미로, 다른 사람이 관심을 두지 않거나 잘 하지 않는 틈새시장을 가리킨다. 시장에서의 포지셔닝으로 말하자면 '사람들이 별로 하지 않는(하고 싶어 하지 않는) 일을 한다'는 뜻이다.

그리고 세 번째는 우위성이다. 차별화를 꾀하는 데 가장 구축하기 쉬운 관점이 이 우위성이다. 임팩트 면에서는 독자성이 훨씬 더 강렬하지만, 독자성을 구축하는 일은 상당히 난도가 높다. 그래서 독자적이지는 않지만 다른 사람들보다 우위를 차지한다고 할 수 있는 점에 초점을 맞추는 것이다. 시장에서의 포지셔닝으로 말하자면, '누구나 할 수 있는 일을 아무나 할 수 없는 수준으로 한다'는 의미다. 이 정도가 강해지면 강해질수록 우위성의 영향력이 커진다.

이들 독자성, 전문성, 우위성의 관점을 바탕으로, '당신이 할 수 있는 일'의 포지셔닝을 찾아보자. 다음 네 가지 접근법을 활용하면 더 쉽게 찾아낼 수 있다.

[접근법 ①] 독자적인 네이밍을 한다
[접근법 ②] 두 가지 혹은 세 가지 요소를 곱한다
[접근법 ③] 토털 패키지화한다
[접근법 ④] 카피를 힌트로 생각한다

하나씩 설명하겠다.

[접근법 ①] 독자적인 네이밍을 한다

당신이 갖고 있는 '할 수 있는 일', 즉 능력에 당신만의 이름을 붙일 수 있을지를 생각한다. '중소기업을 대상으로 경영 컨설팅을 할 수 있는' 능력이 있다고 하자. 다만 중소기업에 경영 컨설팅을 할 수 있는 사람은 셀 수 없이 많다. 무엇이 문제인지 본질을 꿰뚫어 파악하는 능력이 특출하다고 해도, 그런 능력을 지닌 사람은 얼마든지 있다. 이 상태로는 좀처럼 차별화를 꾀할 수 없다. 그래서 무엇이 문제인지를 파악하는 과정을 메소드화(특정한 작업 프로세스나 순서를 표준화하여 효율적으로 반복·실행할 수 있게 하는 것 - 역주)해서 남들과 구별되는 당신만의 특유한 이름을 붙이는 것이다.

이를테면 컨설팅을 할 때 문제의 핵심을 찾아내는 방법을 '코어 리빌Core Reveal'이라고 이름 붙이는 것이다. 실제로 이 코어 리빌은 기누타의 개인 상표로, 독립하기 전에 취득·등록한 것이다. 이처럼 자신의 능력에 독자적인 이름을 지어, 차별화를 꾀할 수 있다.

이 사례에서도 알 수 있듯이 차별화 요소를 고민할 때 '당신이 할 수 있는 일'의 '목적'에서 독자성을 찾으려다 보면 어려울 때가 많다. 예를 들어 '매출이 오른다' '돈을 번다' '다이어트한다' 등, 목적을 파고들다 보면 자칫 엇비슷해지기 때문이다. 그럴 때는 그

'수단(앞서 언급한 예로 말하자면 코어 리빌)'에서 차별화 요인을 찾는 것이 좋다.

[접근법 ②] 두 가지 혹은 세 가지 요소를 곱한다

대형 금융기관에 근무하면서 부업으로 웹 디자인 일을 하는 사람이 있었다. 이 사람의 경우는 '대형 금융기관 근무 경력×웹 디자이너'라는 곱셈으로 표현할 수 있다. 대형 금융기관에서 근무한 경험이 있는 사람은 무척 많다. 웹 디자이너도 많이 있다. 각각의 경력으로는 차별화 요인이 되지 못하지만 두 가지를 조합하면 '금융기관에 특화된 웹 디자인이 특기다'라는 독자성을 표현해 희소성을 강조할 수 있다.

[접근법 ③] 토털 패키지화한다

다음은 토털 패키지total package화다. '할 수 있는 일'이 여러 개 있지만 그것을 곱해도 이렇다 할 임팩트를 내지 못하는 경우에는, 전체를 모아 토털 패키지로 대응할 수 있다는 데서 차별화 요인을 찾는 방법이다.

이런 사례가 있다. 20대 마케터가 AMM 서치 시트에서 '당신이 할 수 있는 일'을 다음과 같이 적었다.

- 웹 광고 운영을 할 수 있다
- 소셜 셀링social selling(SNS를 사용한 판매)을 할 수 있다
- 카피라이팅을 할 수 있다
- 기획에서 PDCA 사이클을 적용할 수 있다
- 팀을 넘어서 조직을 결속하는 능력이 있다

본인도 자각하고 있었지만, 각 능력 하나하나가 탁월하지도 않았고, 그 일을 할 수 있는 사람은 얼마든지 있다. 게다가 그중 두 가지를 골라 조합한다고 해도 눈에 띌 만한 임팩트는 만들어지지 않는다. 하지만 이 사람은 마케팅 정책을 폭넓게 경험한 데다 기획력도 있고, 조직을 단합해 이끌 수 있는 리더십도 있다. 결국, 전체를 모아 정리해보니 '마케팅 관련 프로젝트 매니지먼트에서 성과를 올릴 수 있다'고 재정의할 수 있었다.

이 사람의 경우는, 스텝 2 '최고의 일'에서는 "고마워, 자네가 프로젝트 리더여서 정말 좋았어!"라는 감사 인사를 떠올렸으며, 프로젝트 리더로서 활약하는 일을 지향하고 있었기에 '토털 패키지화'로 자신의 강점을 정확히 확인할 수 있었다.

또, 이 토털 패키지화에는 '전체 프로세스를 한 사람이 볼 수 있다'는 장점도 있다. 한 투자 컨설턴트의 사례다. 이 사람은 경험과 실적이 풍부해 정년퇴직 후에는 개인으로 활약하기 위한 새로운 커리어를 모색하고 있었다. 다만, 하려고 하는 일이 대형 컨설팅 회사와도 경쟁해야 하는 일이어서 처음에는 포지셔닝을 하기가 쉽지 않았다.

하지만 AMM 서치 시트를 작성해나가는 동안, 대기업은 각 프로세스의 전문가들이 분업해 일을 담당하는 데 반해, 이 사람의 경우는 '혼자서 모든 프로세스를 한꺼번에 꿰뚫어 볼 수 있다'는 강점이 드러나기 시작했다. 그리고 대기업의 분업 체제에서는 도저히 피할 수 없는 서비스 누락을 방지할 수 있다거나 모든 면에서 최적의 사고방식으로 투자 판단을 내릴 수 있다는 점에서 자신의 우위성을 발견했던 것이다. 이 또한 토털 패키지화의 한 예라고 할 수 있다.

[접근법 ④] 카피를 힌트로 생각한다

이는 접근법 ①~③까지 포함해, 개인 능력의 포지셔닝을 표현하는 카피를 힌트로 생각하는 방법이다.

다음 표에 포지셔닝을 생각할 때 사용할 수 있는 카피의 패턴과 그 방법을 정리했다.

카피의 예	방법
OO 제일, No.1	No.1 범위를 찾는다
OXO, 장점만 골라놓은	특징을 조합해 독자화한다
OO스타일, OO식, OO이론	독자적인 방법을 구축한다
통째로, 체계적	토털 패키지화한다
새로운, 새로운 상식, 비상식, 상식을 뛰어넘는, 알려지지 않은, 맹점	보통 사람들이 깨닫지 못하는 시점
OO 대상, OO을 위한, 프리미엄	타깃을 명확히 한다
직방, 시간을 아껴주는, O분으로(O분 만에)	속도(빠르기)에 초점
비용 절감, 절반으로, 최단 루트	효율, 가성비에 초점

출처:《무조건 팔리는 카피 단어장》

하나하나 자세히 살펴보자.

OO 제일, No.1

이 단어는 1위라고 말할 수 있는 데까지 범위 자체를 작게 만드는 **방법**이다. 예를 들어, 세계 최고는 아니지만 국내 최고라든가, 국내 최고는 아니지만 지역 No. 1이라는 식이다. 더 나아가 시, 군, 읍, 동으로 범위를 좁혀보자. 또는 분야를 좁히는 방법도 있다. 이를테면 외식산업이 아니라 한식, 더 나아가 조림요리로 분야를 한정하는 것이다. 이는 앞서 언급한 니치, 즉 틈새시장의 개념과 동일하다. 이로써 'OO 제일'이나 'OO No. 1'이라고 말할 만한 포지셔닝을 찾을 수 있다.

예시: 자동차 판매 대수 서울시 1위, 사내 해외 출장 횟수 등

다만, 지역으로 좁혀가는 방식을 사용할 때는 주의해야 할 점도 있다. 바로 범주를 좁히면 좁힐수록 지역밀착형이라는 이미지가 강해진다는 점이다. 지역밀착형을 지향한다면 효과적이겠지만, 그런 의도가 아니라면 너무 좁혔을 때 오히려 역효과가 날 수도 있다.

1위라고 말할 수 있을 때까지 카테고리를 좁혀나가는 접근법과 반대로, 카테고리를 넓히는 방법도 있다. 아마존은 인터넷서점에서 인터넷쇼핑 전체로 시야를 확장해 성장했다. 우버Uber(미국 테크

놀로지 기업. 스마트폰을 기반으로 한 승차 공유 서비스 - 역주)도 택시업계를 물류업계로 확장해 바라봄으로써 사업 영역을 확대했다. 이처럼 시장을 크게 인식하는 시각이 성장의 발판이 되기도 한다. 작은 카테고리에서는 압도적으로 1위이지만 조금 더 카테고리를 넓히면 3위가 되더라도, 큰 카테고리에서 3위를 하는 편이 더 강한 인상을 주고 효과적일 수 있다.

OXO, 장점만 골라놓은

이는 앞에서도 소개한, 몇 가지 능력을 곱해서 조합하는 방법이다. 약간 다른 발상으로는 곱셈을 통해 '어떤 두 가지 능력의 좋은 점을 둘 다 가지고 있다'는 차별점을 만들 수 있다.

예시: 대형 금융기관 근무 경험×웹 디자이너, 원만한 대인 관계와 정확성이라는 장점 융합 등

OO스타일, OO식, OO이론

이 또한 앞서 말한 '네이밍'과 같은 발상이다. OO 안에는 자신의 이름을 적거나 대학 등 자신이 공부한 학교와 기관 등을 기입할 수 있다.

사실 이 접근법에는 보이지 않는 효과가 있다. 독창적인 방법으로 체계화를 시도함으로써 자기만의 메소드를 확립할 수 있는 것이다. 처음부터 메소드가 확립되어 있으면 좋겠지만. 메소드화하려고 자신의 방법론을 정리함으로써 비로소 독창적인 방법을 확립하는 사례도 많다.

예시: 도쿄대식 암기력 강화법, 독자 개발한 유커브U-curve 이론 등

통째로, 체계적

앞서 말한 **토털 패키지화와 같은 발상**이다. 조금 다른 시각으로는 제각각 흩어져 있는 것들을 통합해 체계적으로 구축하는 방법도 있다.

예시: X(트위터)로 고객을 유치하고 싶으면 통째로 맡기세요, 체계적인 프로젝트 관리가 특징 등

새로운, 새로운 상식, 비상식, 상식을 뛰어넘는, 알려지지 않은, 맹점

이는 지금까지 없었던 것으로써 피력하는 방법이다. '새로울 신新'이라는 뜻을 사용할 때는 과거에 없었던 것이라는 전제가 깔려

있지만, '새로운 상식' '비상식'이나 '알려지지 않은' '맹점' 등은 간과되고 있는 사항에 초점을 맞춤으로써 우위성을 이끌어내는 접근법이다.

예시: ChatGPT 활용의 새로운 상식, 비상식적인 ChatGPT 활용법, ChatGPT 활용의 맹점을 커버하는 라이팅 기술 등

이처럼 같은 주제라도 어떤 단어를 사용하느냐에 따라 느낌이 달라진다.

OO 대상, OO을 위한, 프리미엄

대상자, 즉 타깃을 명확히 하는 접근법이다. 초보자를 대상으로 할 것인지, 베테랑을 대상으로 특화할 것인지 등 대상을 차별화하는 전략이다. 타깃을 어느 계층으로 잡느냐 하는 기준뿐만 아니라 업종이나 업계로 좁히는 방법도 있다. 그 밖에도 '프리미엄'이라는 표현을 써 가격에 초점을 맞추는 방법도 있다.

예시: 중국 부임자를 위한 속성 중국어 회화, 웹 소설 작가를 위한 AI 활용법, 헤어숍을 대상으로 한 프리미엄 웹 디자인 등

직방, 시간을 아껴주는, O분으로(O분 만에)

이번에는 속도에 초점을 맞추는 방법이다. 다른 사람보다 빨리 할 수 있다는 점에서 차별화 요인을 찾아내는 접근법이다. 다른 사람들이 10일 걸리는 일을 5일 만에 할 수 있다거나 하는 경우다.

정반대의 발상으로는 오히려 시간을 들여 정성껏 공을 들임으로써 다른 경쟁자보다 질을 높인다는 점에 초점을 맞추는 방법도 있다. 수작업, 핸드메이드 등이 이 부류에 속한다.

예시: 대형 컨설팅 업체가 3개월 걸리는 신규 비즈니스 모델 구축을 15일 만에 빠르게 대응, 회의 시간 단축에 효과적인 퍼실리테이션 방법 등

비용 절감, 절반으로, 최단 루트

효율성이나 가성비로 차별점을 이끌어내는 방법이다. 목적에서도 수단에서도 차별화 요인을 찾아낼 수 없지만 효과에서 차별화 요인을 찾아내려는 발상이다.

예시: 중소기업의 결산 서류 작성에서 전년 대비 20% 원가 절감을 할 수 있다, 로고 디자인에 걸리는 평균 작업 기간을 절반인 O일 만에 대응 등

이상과 같은 관점과 접근법을 통해, 스텝 5에서 꼽은 '당신이 할 수 있는 일'의 차별화 요인을 명확히 파악하기 위해서, 다음의 빈 칸 채우기 템플릿을 완성해보자.

OO이 남들보다 뛰어나다

기입 예시

- 문제의 핵심을 파헤치는 '코어 리빌'을 컨설팅에 적용하는 점이 남들보다 뛰어나다
- 대형 금융기관에 특화된 디자인을 할 수 있다는 점이 남들보다 뛰어나다
- 마케팅 실무를 숙지하고 프로젝트를 토털 매니지먼트 할 수 있다는 점이 남들보다 뛰어나다

스텝 5 '당신이 할 수 있는 일'과 스텝 8 '타인과의 비교'가 AMM 서치 시트를 작성하는 데 최대의 고비다. 이 스텝에서 도저히 차별점을 찾을 수 없는 경우는 일단 이곳을 건너뛰고 다음 스텝 9로 넘어가자.

Step 9.
그것은 무엇이 좋은가?

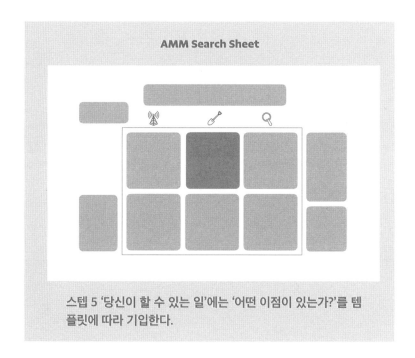

AMM Search Sheet

스텝 5 '당신이 할 수 있는 일'에는 '어떤 이점이 있는가?'를 템플릿에 따라 기입한다.

이제 꽤 정리가 되었다. 이번 스텝 9에서는 스텝 5에서 '당신이 확실히 OO할 수 있다 또는 OO하는 일'이라고 정의한 **'당신이 할 수 있는 일'**에 **'어떤 좋은 점이 있는가?' '그것은 무엇이 좋은가?'**를 생각한다.

이 '어떤 좋은 점이 있는가?' '그것은 무엇이 좋은가?'를 카피라이팅에서는 '베네핏benefit'이라고 한다. 일반적으로는 메리트merit(장점)라고 하지만, 카피라이팅에서는 '상품 또는 서비스의 강점'과 '고객에게 어떤 좋은 점이 있는가?'를 명확히 구분하기 위해서 후자를 베네핏이라고 부르며, 이는 카피라이팅에서 중요한 핵심 요소 중 하나다.

여기에서 그것이 어떤 상품, 어떤 서비스이든 간에 우리가 알아야 할 한 가지 진실이 있다.

고객은 상품이나 서비스 자체를 원하는 것이 아니다.

그것을 구입한 결과로 얻을 수 있는 것을 원한다.

팔아야 할 것은 상품이나 서비스가 아니라 그로 인해 얻을 수 있는 베네핏이다.

많은 사람이 상품과 서비스가 지닌 특징을 강조하고 싶어 한다.

상품·서비스	특징	베네핏
단독주택	내부 설비에 특수 소재를 사용했다	뛰어난 기밀·단열 성능을 저렴한 가격에 실현하여 적은 광열비로 여름은 시원하게, 겨울은 따뜻하게 지낼 수 있다
웹사이트 분석	웹사이트 방문자의 마우스 움직임을 시각화할 수 있다	잘 보이는 곳과 보이지 않는 부분이 일목요연하므로 웹사이트를 적확히 개선해 매출을 향상시킬 수 있다

"저희 상품은 이런 점이 대단합니다. 이런 점도 훌륭하고요" 하고 큰소리로 외치지만, 고객의 입장에서는 "그래서 뭐요?" 하고 말 이야기일 뿐이다. '그 특징으로 인해 고객에게 무엇이 좋은가?' 바로 이것이 베네핏이다. 상품 또는 서비스의 특징과 베네핏의 차이를 위의 구체적인 예시로 살펴보자.

컨설턴트나 전문직, 다양한 직종의 강사처럼 스킬이나 기술, 지식을 제공하는 경우에는 특히 주의해야 한다. 예를 들어, 우리는 카피라이팅 강좌를 주최하고 있는데 '이 강좌를 듣고 단기간에 카피라이팅을 배울 수 있다'는 점을 베네핏이라고 말하지 않는다. 극소수를 제외하고는 '카피라이팅 자체를 배우고 싶은 것이 아니기' 때문이다. 카피라이팅을 배운 결과로 얻을 수 있는 것, 즉 자사 상품 또는 서비스의 매력을 알려 매출을 늘리고 싶은 것이다. 이것이 바로 베네핏이다.

베네핏에 대해 알았으니 스텝 9에서는 다음 빈칸 채우기 템플릿으로 베네핏이 되는 점을 표현해보자. 우선 이상적인 패턴은 다음과 같다.

OO(차별화 요인)이므로 OO할 수 있다. 그 결과, OO할 수 있다

앞부분 'OO이므로'에 스텝 8의 '타인과의 비교'에서 발견한 차별화 요인을 기입한다. 즉, '이런 차이점이 있으므로 이러이러한 일을 할 수 있다'라는 점을 표현하는 것이다.

기입 예시

- Step 5: 확실하게 반응률이 높은 섬네일**thumbnail**(페이지 전체의 레이아웃을 검토할 수 있게 페이지 전체를 작게 줄여 화면에 띄운 것 – 역주) 이미지를 만들 수 있다
- Step 8: 만들고 싶은 이미지를 전해 듣고 업계에서 가장 빠른 O시간 내에 납품할 수 있는 점이 남들보다 뛰어나다

베네핏의 표현: 업계 최고 속도인 O시간 만에 납품할 수 있으므로 단시간에 새로운 섬네일 이미지를 만들 수 있다. 그 결과, 신속하게 광고 이미지의 테스트 개선을 실시해 광고 효과를 높일 수 있다

이처럼 'OO이므로'의 부분에 차별화 요인을 기재할 수 있다면 가장 좋지만, 이 스텝에서 아직 차별화 요인을 잘 찾아내지 못한 경우는 다음과 같이 표현해도 좋다.

> 나는 OO할 수 있으므로, 당신은 OO할 수 있다

기입 예시

> 나는 반응률이 높은 섬네일 이미지를 만들 수 있으므로, 당신은 광고비 대비 높은 효과를 얻을 수 있다

다시 말해, 당신이 '할 수 있는 일'이 상대에게 어떻게 도움이 되는가, 즉 베네핏을 표현한다.

베네핏으로 자주 혼동하는 것이, 아이들 대상의 상품과 서비스처럼 '사용자(사용하는 사람)'와 '구매자(구매하는 사람)'가 다른 경우다. 무슨 뜻인지 학원의 사례를 통해 구체적으로 알아보자.

초등학생을 대상으로 한 학원의 경우, 학원을 실제로 이용하는 사람은 초등학생이지만, 초등학생이 돈을 내지는 않는다. 구매하는 사람은 돈을 지불하는 부모 또는 양육자다. 즉, 학원의 매출을 올리려면 초등학생과 부모(또는 양육자), 양쪽의 베네핏을 예상해 제안해야 한다는 의미다.

'이 학원에 다니면 게임을 하듯이 공부할 수 있어서 아이들이 주도적으로 공부하게 된다. 그 결과 "공부해라!"라고 잔소리하지 않아도 되고 부모 자식 간의 관계도 좋아진다'

이처럼 상품 또는 서비스를 사용하는 사람과 구매하는 사람이 다른 경우는, 양쪽의 이점을 제시할 필요가 있다.

또한, 회사원이라면 그 상품 또는 서비스 자체에 대한 고객의 이점에 더해, 회사의 이점과 당신의 아이디어를 채택하는 사람의 이점도 생각해두어야 한다.

당신, 또는 당신의 아이디어를 채택함으로써 고객에게 어떤 이점이 있는가? 동시에 그것은 회사나 조직에 어떤 이익을 가져다주는가? 경우에 따라서는 당신과 당신의 아이디어를 채택할지 말지 결정하는 사람, 즉 상사나 담당자에게 어떤 이점이 있는지도 고민할 필요가 있다.

이처럼 '자신에게 좋은 점'을 아무리 생각한다 해도 잘 팔리는 요소가 되지는 않으므로 '고객에게 어떤 점이 좋은가?'를 생각해야 하는데, 나아가 더 넓은 시야로 보면서 이해관계자stakeholder(여기서는 관계하는 사람 정도의 의미로 알아두자)의 이익도 예상할 수 있다면 상당히 수준이 높은 편이다.

Step 10.
가장 가치를 누릴 수 있는
사람은?

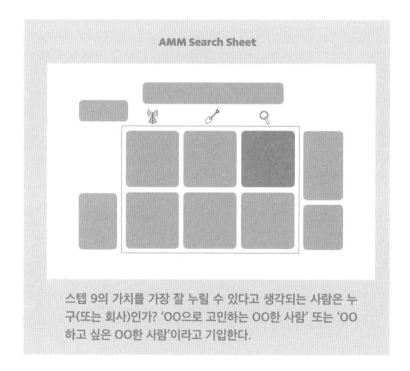

스텝 9의 가치를 가장 잘 누릴 수 있다고 생각되는 사람은 누구(또는 회사)인가? 'OO으로 고민하는 OO한 사람' 또는 'OO 하고 싶은 OO한 사람'이라고 기입한다.

스텝 10에서는 스텝 9에서 정의한 '가치=베네핏을 가장 누릴 수 있는 사람은 어떤 사람(누구)인가?'에 관해서 생각한다. **능력과 시장을 매칭하는 단계이며 시장 가치를 확인하는 부분이다.**

여기서는 '가치를 누리는 사람'이라는 관점과 '돈을 내는 사람'이라는 두 가지 관점이 필요하다. 양자가 같을 경우는 문제가 없지만, 스텝 9에서 설명했듯이, 가치를 누리는 사람이 반드시 돈을 내는 사람인 것은 아니다. 앞서 소개한 사례로 말하자면, 학생이나 아이를 대상으로 가치를 제공하는 경우는 가치를 누리는 사람은 학생 또는 아이지만 돈을 지불하는 사람은 부모나 양육자다.

대단한 능력이 있고 그 능력이 남들보다 뛰어나서 굉장한 가치를 제공할 수 있다고 해도, 돈을 내는 사람이 없다면 시장성이 없다는 말이 된다. 그런 경우는, 취미나 자원봉사의 영역이 되므로 돈을 버는 커리어로서 자리잡을 수 없다. **당신의 강점이나 재능도, 그것을 필요로 하여 돈을 지불할 사람을 찾는 것이, 시장성을 높이는 데 있어 중요한 전제 조건이 된다.**

"에스키모에게 얼음은 팔 수 없다"는 카피라이팅에서 자주 예로 다루는 문장이다('이누이트'가 아니냐고 지적하는 사람이 있을 수 있겠지만 카피라이팅의 세계에서 예로부터 사용되는 유명한 비유이니, 여기서는 그대로 '에스키모'라고 표기한다). 빙수를 판다면 에스키모에게 팔기보다는 하와이 해변에 있는 사람에게 파는 게 당연히 더 쉬운 일이다. 같은 물건이라도 파는 상대에 따라 잘 팔리느냐, 팔리지 않느냐가 완전히 달라진다. 실제로는 이런 단순한 구도가 아니지만, '당신의 능력을 필요로 하는 사람은 누구인가?'를 생각하고 '최적인 사람'에게 제공함으로써 시장 가치가 높아지는 것이다.

이 최적인 사람을 찾아내기 위해서 필요한 접근법은 '타깃을 좁히는 것'이다. 카피라이팅을 제대로 이해하지 못한 채 무작정 팔려고만 하는 사람은 막연하게 '많은 사람이 사주길' 바란다. 이런 사고방식으로 접근해 팔려고 하면 컨셉이 명확하지 않고 모호해서 결국 아무도 구매 욕구를 느끼지 못할 것이다. 타깃을 좁히는 방법과 관련해 영어 회화 학원을 예로 설명해보겠다.

영어 회화 학원은 이 세상에 수도 없이 많다. 그리고 그 학원에 다니는 사람에게도 다양한 니즈가 있다.

예를 들면,

- 외교관이 되기 위해 고도의 협상이 가능한 수준을 목표로 하는 사람
- 장래 해외 부임을 전제로 영어 능력을 습득하려는 사람
- 지금까지 국내 업무밖에 해본 적이 없는데 갑자기 해외로 발

령이 나서, 시급하게 실무에 지장이 없을 정도까지 영어 실력을 끌어올려야 하는 사람

- 해외 여행에서 사용할 영어 회화를 익히고 싶은 사람

등이다. 당연하지만 영어 능력을 얻겠다는 니즈가 전혀 없는 사람도 있다.

당신이 만약 영어 강사로서 회화를 가르친다면 누구를 타깃으로 하겠는가? 해외 여행에서 사용할 수 있는 영어 회화를 가르치고 있는 학원에 외교관을 목표로 하는 사람이 수업을 들으러 올 일은 절대 없을 것이다. 다양한 니즈를 갖고 있는 사람들 모두를 만족시키려고 하면 컨셉이 모호해서 구매 욕구를 자극하지 못하지만 하나의 타깃에 초점을 맞추면 컨셉이 명확해지고 강하게 어필할 수 있다.

다양한 타깃을 생각할 수 있다면 그중, 당신은 어떤 타깃과 접촉하고 싶은가? 당신이 가장 높은 가치를 제공할 수 있는 대상은 누구인가? 타깃을 명확히 정하지 않고서 그저 '영어를 가르치겠다'는 생각만으로는 고객을 모을 수 없다.

하지만 무턱대고 타깃을 좁힌다고 되는 것은 아니다. 너무 좁혀 들어가다 보면 시장이 매우 작아지므로 비즈니스로서 영위할 수

있는 일정 규모를 유지할 필요가 있다. 이 점을 유의하며 타깃 범위를 좁히고, 당신이 제공하는 가치를 가장 잘 누릴 수 있는 사람을 다음 빈칸 채우기 템플릿에 따라 작성한다.

OO으로 고민하는 OO한 사람 or OO하고 싶은 OO한 사람

기입 예시

- IT 인재 부족으로 고민하는 지방의 중소기업 경영자
- 소유하고 있는 부동산을 활용해 지금보다 더욱 수익성을 높이고 싶은 사람

상품이나 서비스를 파는 경우와 달리, 자신의 능력을 파는 경우는 '팔 수 있는 양'이 어느 정도 정해져 있다는 점이 조금 다르다. 가령 이직을 고려하고 있다면 이직할 수 있는 회사는 기본적으로 한 곳이므로 한 번 팔리면 그것으로 끝이다.

상품이나 서비스처럼 지속적으로 물량을 팔아야 할 필요는 없다. 그러므로 가치를 높이 평가해줄 사람을 고르는 일은 상품이나 서비스를 팔 때보다 더 중요하며 효과적이다.

또한 컨설턴트나 전문직 같은 경우는 '노동력'이라는 걸림돌이

항상 따라다닌다. 즉, 혼자서 대응할 수 있는 고객 수에는 당연히 한계가 있다. 따라서 '많이' 노리기보다는 당신의 시장 가치를 가장 높이 평가해줄 사람을 찾아내는 것이 좋다.

이 '노동력 문제'는 사업이나 매출을 확대한다는 관점뿐만 아니라, 질병이나 사고 등으로 '일할 수 없게 될' 리스크도 포함된다. 요컨대 자신이 계속 일하지 않으면 매출이 멈추는 것이다.

그래서 이런 유형의 사람들은 일정한 업무량을 넘어서면 가르치는 쪽으로 전향하거나 콘텐츠로 만들어 판매하는 등, 자신의 노동에 제약을 덜 받는 방법 또는 레버리지 효과leverage effect(타인 자본을 이용해 자기 자본의 이익률을 높이는 효과. 지렛대 효과라고도 한다 - 역주)를 발휘할 방법을 모색해야 한다.

타깃 대상인 사람과 회사, 또는 시장을 찾는 접근법은 '가장 가치를 누릴 수 있다고 생각하는 사람은 누구인가?'라는 질문과 직결된다. '누가 나를 높이 평가해줄 것 같은가?' 하는 관점이 아니라, 자신이 가치를 제공함으로써 기뻐할 사람이 누구인가 하는 '타자 공헌'의 관점에서 생각할 일이다. 이렇게 해야 계산적이 되지 않고 정말로 가치를 알아주는 사람을 찾기 쉽다.

Step 11.
새로운 커리어 이미지

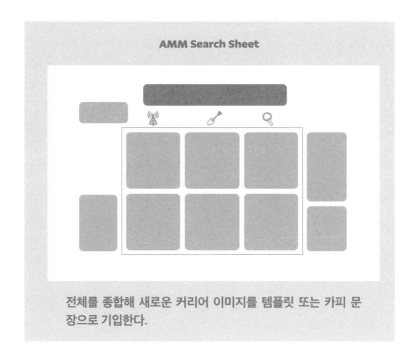

전체를 종합해 새로운 커리어 이미지를 템플릿 또는 카피 문장으로 기입한다.

드디어 마지막 스텝이다. 지금까지의 스텝을 토대로 당신의 '새로운 커리어 이미지'를 정리해보자. 커리어 이미지라고 한마디로 말하지만, 실은 당신이 지향하는 방향성에 따라 몇 가지 패턴으로 방법을 구상할 수 있다. 다음 표를 살펴보자.

①	같은 회사에서 지금 하는 일의 가치를 다시 인정받는다
②	같은 회사의 다른 부서에서 새로운 커리어를 추구한다
③	지금 갖추고 있는 능력을 활용해서 다른 회사로 이직을 지향한다
④	지금 갖추고 있는 능력을 활용해서 개인으로 독립한다
⑤	지금 갖고 있는 능력을 활용해서 회사 등 법인 조직을 설립한다
⑥	최고의 일을 실현하기 위해 필요한 능력을 연마한다

이 가운데서 어떤 길을 목표로 할지는 당신의 사고방식에 따라 다르겠지만, 스텝 10까지를 종합해서 아래의 빈칸 채우기 템플릿을 완성하자.

OO한 사람에게(Step 10)
타인과 다른 OO을 제공함으로써(Step 8)
OO을 가능하게 한다(Step 9)

원가를 절감하면서 정말로 유익한 복리후생을 추구하는 기업에게 차별화된 경영자 시점에서의 운용 프로그램을 제공함으로써 직원의 생산성과 회사의 이익 증가를 도모한다

또 다른 패턴으로, 커리어 이미지를 카피로 표현하는 방법도 있다. 129쪽에서 소개한 사례를 예로 들면, '마케팅 프로젝트 인티그레이터integrator'와 같은 식이다. 단순한 통합자인 인티그레이터가 아니라 조직 내의 조화를 이루는 데 초점을 맞추면 '마케팅 프로젝트 하모나이저harmonizer'라고 표현할 수도 있다. 이런 식으로 당신의 새로운 커리어 이미지에 딱 맞는 카피를 찾아보는 것도 흥미롭지 않을까.

이 스텝 11을 현 시점에서는 표현하기 어렵다면 일단 빈칸으로 남겨둬도 괜찮다. 5장에서 브러시업 과정을 거치면서 최종적으로 표현할 수 있으면 된다.

참고로 AMM 서치 시트는 개인이 아닌 법인도 사용할 수 있다. 이 책에서는 개인의 커리어를 대상으로 하고 있기에 법인에서 활용하는 방법은 생략하지만, 기본적으로 '자신' 또는 '당신'이라고 쓰

인 부분을 '당신의 회사'로 바꾼다면 그대로 사용할 수 있다.

　법인의 경우 법인 전체로서 파악할 것인지, 취급하는 상품이나 서비스별로 파악할 것인지에 따라 AMM 서치 시트를 사용할지 혹은 PMM 서치 시트를 사용할지, 그 선택지가 달라진다. PMM 서치 시트는 랜딩페이지를 작성하기 전에 정보를 수집하고 정리해 컨셉을 만들어내는 시트다. PMM 서치 시트에 관한 상세한 내용은 졸저《카피라이팅 기술 대전コピーライティング技術大全》을 참고하기 바란다.

　PMM 서치 시트는 랜딩페이지를 작성하기 전에 하는 준비 작업이므로 판매 조건이나 타깃 고객층을 좁혀야 할 필요가 있기 때문에 하나의 상품 또는 서비스밖에 대상으로 삼을 수 없다. 그래서 회사 전체로 인식해 강점을 찾아내고 가치에 대한 정의를 내려 그 가치를 높이 평가해줄 사람에게 전달한다는 관점에서는 AMM 서치 시트를 사용하는 것이 좋다.

　이로써 AMM 서치 시트의 모든 스텝을 설명했다. 이 일련의 과정을 거쳐 스텝 11의 '새로운 커리어 이미지'를 바로 찾아낼 수 있다면 가장 좋겠지만, 대부분의 사람들은 다음 중 어느 한 가지 패턴에 해당되어 단번에 만족할 만한 새로운 커리어 이미지에 도달하지 못하는 경우가 많다.

- 어느 한 항목을 건너뛰고 빈칸으로 남겨둔다

- 한 가지로 좁혀야 하는데 좀처럼 좁혀지지 않는다

- 어느 정도 아웃풋은 나왔지만, 무언가 부족한 느낌이 든다

그래서 다음 장에서는 당신이 만족하고 납득할 수 있는 새로운 커리어 이미지를 찾아내기 위해 AMM 서치 시트의 완성도를 높이는 브러시업 기법을 설명하겠다.

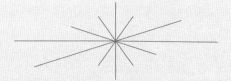

PERSONAL BRANDING

당신의 강점을 비싸게 팔아라

5장

AMM의
완성도를
높이는
브러시업

각 스텝의 체크 포인트

본론은 이제부터

3장, 4장에서 AMM 서치 시트의 모든 스텝을 설명했다. 이 AMM 서치 시트의 열한 개의 스텝을 거쳐 새로운 커리어 이미지를 기입한다고 해서 그걸로 끝이 아니다. 새로운 커리어 이미지를 다 적어 넣었다고 해도 아마 지금 단계에서는 뭔가 찜찜하고 만족스럽지 않은 부분이 있을 것이다. 당연하다. 사실 본론은 이제부터다. AMM 서치 시트의 진면목은 지금부터 설명할 브러시업 과정에 있다. 지금까지는 브러시업을 위한 준비였다고 해도 과언이 아니다.

AMM 서치 시트의 가장 큰 특징은 열한 개의 스텝을 전체적으로 부감할 수 있다는 데 있다. 즉 작성한 시트 전체를 바라보면서 항목 간의 연관성에 주목함으로써, 각 항목을 더욱 정교하게 다듬고 스스로 납득할 수 있을 정도로 완성도를 갖춰나간다. 그 결과, 최종적으로 만족할 만한 새로운 커리어 이미지를 찾아낼 수 있는 것이다. 이렇게 보완해 향상시키는 브러시업 과정을 통해 강점과 시장이 딱 맞게 매칭되기 때문이다. 여기서는 AMM 서치 시트를 사용해 새로운 커리어 이미지를 찾아낸 실제 사례를 소개하면서 브러시업 기법을 설명하겠다.

AMM 서치 시트를 브러시업 하기 위해서는 **각 스텝 간의 연관성에 주목하는 것이 핵심**이다. 하지만 각 스텝에서 적어야 할 내용이 누락되거나 불충분한 상태라면 좀처럼 상호 연관성이 보이지 않기 때문에 브러시업 하기 전에 우선, 다음 체크 포인트에 따라 당신이 AMM 서치 시트의 각 스텝을 제대로 기입했는지를 확인한다.

AMM 서치 시트의 체크 포인트 ☑

☐	Step 1	본명을 썼는가?
☐	Step 2	최고의 일이 하나로 좁혀져 있는가?
☐	Step 3	스킬이나 기술, 지식에 초점을 맞춰 '어떤 일을 하고 있는지'가 명확하게 드러나 있는가?
☐	Step 4	적어도 스킬이나 기술, 지식에 관한 '경험'이 표현되어 있는가?
☐	Step 5	'확실히'라는 형태의 문장으로 표현되어 있으면 가장 좋지만, 적어도 'OO할 수 있다' 또는 'OO하는 일'의 형태로 기입되어 있는가?
☐	Step 6	무언가 기입되어 있다면 OK
☐	Step 7	무언가 기입되어 있다면 OK
☐	Step 8	스텝 5에서 확실하게 할 수 있는 일의 차이가 잘 표현되어 있으면 가장 좋지만, 최소한 타인과 차별화되어 있는가?
☐	Step 9	적어도 'OO이므로 OO할 수 있다'는 표현으로 한 가지 적혀 있는가?
☐	Step 10	'OO으로 고민하는 OO한 사람' 또는 'OO하고 싶은 OO한 사람'이라고 기입되어 있는가?
☐	Step 11	아직 정리되어 있지 않아도 OK

이 가운데서 특히 난도가 높고 불완전하게 적혀 있을 가능성이 큰 스텝이 2, 5, 6, 8, 10이다. 이 스텝들에서 벽에 부딪치기 쉬운 예와 그 대처법에 대해 설명하겠다.

Step 2 '최고의 일'이 하나로 좁혀져 있는가?

이 스텝 2에서 흔히 볼 수 있는 것은, 자신에게 있어 최고의 일이 무엇인지를 한 가지로 좁히지 못하고 방향성이 다른 일을 여러 가지 적어놓는 패턴이다. 최고의 일이 여러 개 나열되어 있으면 어느 쪽으로 가야 할지 알 수가 없다.

예를 들면 다음과 같은 패턴이다.

① 매출을 늘리고 싶은 유통업에 <u>디지털 마케팅으로</u> 도움을 주는 일
② 실적이 부진한 영업 사원에 <u>세일즈 화법을 연마하게 해</u> 도움을 주는 일
③ 인재 개발에 여유가 없는 소규모 회사를, <u>원활한 인간관계 구축으로</u> 도와주는 일
④ 직장 내 인간관계로 힘들어하는 사람에게, <u>마음 편해지는 사고방식을 조언해</u> 도와주는 일

①부터 ④까지의 내용을 보면 밑줄 친 부분이 전부 다르다. 이

러면 각각 대응할 스킬이나 기술, 지식도 모두 다르다. '최고의 일'을 생각하는 동안에 몇 가지 후보를 떠올리는 것은 좋지만, 자기 나름대로 생각해보고 '당신에게 있어 My Pleasure는 무엇인가?'를 '결정하는' 것이 중요하다. 자동차 내비게이션에 목적지를 여러 곳 입력한다면 정말로 자신이 가고자 하는 목적지에 도달할 수 없다. (실제로 자동차 내비게이션에는 여러 곳의 목적지를 입력할 수 없다.)

이 부분은 두 번째 스텝이므로 자신의 강점을 고려하지 않고 '최고의 일'을 이미지로 그리게 된다. 그래서 아무래도 '이것도 하고 싶고 저것도 하고 싶다'는 '희망'을 열거하기 쉽다. 여러 개를 적은 경우는 그중에서 어느 것이 '최고의 일'인지를 숙고해서 하나로 좁혀보자.

그런 다음에 AMM 서치 시트 전체를 바라보며 브러시업 해나가는 과정에서 '역시 그게 아니라 이게 더 좋겠어' 하는 생각이 든다면, 다시 새로운 내용으로 바꿔 써도 아무 문제없다. AMM 서치 시트는 각 스텝을 조정하면서 매칭시키는 과정이므로 상황에 맞게 변경해도 상관없지만, 그런 상황까지 예측해서 여러 개를 적어 놓는다면 강점과 시장을 매칭하기가 어려워지므로 여기서는 '최고의 일'을 하나로 좁혀 결정한다.

Step 5 '당신이 할 수 있는 일'을 확실하게 표현했는가?

스텝 5에서는 '할 수 있는 일'을 '확실히'로 수식해 표현했지만, 이렇게 표현하기가 상당히 어려운 경우가 많다. 이 '할 수 있는 일'은 이후의 전개에서 매우 중요한 핵심 항목이므로 '확실히' 할 수 있는 일인지를 신중하게 파악해야 한다.

딱 하나를 꼬집어서 좁히기 어려울 때는 '당신이 할 수 있는 일' 하나하나에 대해 스텝 8 '타인과의 비교'를 생각해보자. 그러면 '할 수 있는 일'이 차별화 요인을 수반한 형태로 떠오를 가능성이 있다. 그리고 나서 다른 사람과의 차이가 가장 뚜렷하게 드러나는 일을 정확히 표현해보자. 이때 가장 임팩트 있는 것을 한 가지 골라도 좋고, 128쪽에서 설명한 것처럼 여러 가지를 조합하거나 토털 패키지화를 시도해보기 바란다.

또한 스텝 3의 '현재의 일'과 스텝 4의 '당신의 실적'을 가만히 들여다보면 하나의 컨셉이 떠오를 수도 있다. 이 내용은 180쪽에서 소개할 '사례 3'에서 자세히 살펴보겠다.

Step 2 '최고의 일'과
Step 5 '당신이 할 수 있는 일'에
차이가 없는가?

우선 스텝 2의 '최고의 일'과 스텝 5의 '당신이 할 수 있는 일'의 연관성을 확인한다. 당신이 할 수 있는 일이 최고의 일과 직접 관계가 있거나, 직접적인 연관성은 희박하더라도 같은 방향성을 갖고 있다면 별다른 문제가 없다. 조정이 필요한 상황은 '최고의 일'에서 정의한 내용과 '당신이 할 수 있는 일'의 격차가 큰 경우다.

예를 들면, 어떤 사람은 '최고의 일'을 '직장에서의 인간관계로 고민하는 사람을 도와주는 일'이라고 정의했는데, '할 수 있는 일'은 '지방에서 단독주택을 판매하는 일'이라고 적었다. 이대로라면 '단독주택 판매 능력이 인간관계의 개선에 어떻게 도움이 되는 건지' 알 수 없다. 이처럼 '최고의 일'과 '할 수 있는 일'에 차이가 나는 경우는 어느 한쪽을 조정하지 않고는 AMM을 구축할 수 없다.

이를테면 '최고의 일'을 바꾸지 않고 그대로 둔다면 '할 수 있는 일'을 다른 표현으로 바꾸는 것이다. 이 사람은 단독주택 판매 회사에서 직장의 윤활유 같은 존재로, 이른바 분위기 메이커였다. 그래서 직장 내 인간관계의 개선이 'My Pleasure'라고 생각했다.

이 경우는 '할 수 있는 일'을 '직장 내의 인간관계를 원활하게 하는 일'이라고 정의하는 것이 좋다. 만일 단독주택 판매 기술을 살리고 싶다면 '고객이 단독주택을 구입해 기뻐하는 모습을 보는 것'을 최고의 일이라고 생각하는지 확인해야 한다.

다만 스텝 2의 '최고의 일'을 '어떤 사람에게 어떻게 감사받고 싶은가?' 하는 시각으로 접근해 'OO한 사람을 OO으로 도와주는 일'이라는 템플릿에 맞춰 생각할 수만 있다면 그다지 큰 격차는 생기지 않을 것이다. 얼핏 격차가 커 보여도 앞선 사례처럼 근본적인 부분에서는 무언가 연관성이 있을 것이다. 그러므로 그 연결고리를 찾아 표현을 수정한다.

Step 6 '최고의 일에 부족한 점'은 '핵심 스킬'인가, '부수적인 스킬'인가?

여기에서 주의할 점은 '핵심 스킬'과 '부수적인 스킬'을 구분하는 일이다. 낯선 용어일지도 모르지만 핵심 스킬core skill이란 최고의 일을 실현하는 데 직접 필요한 기술이다. 가령 세무사라면 회계나 세무에 대한 기초 실무가 핵심 스킬이며, 웹 디자이너라면 포토샵

이라든지 일러스트레이터 등 업무 중심의 소프트웨어를 다루는 스킬이나 디자인 능력 그 자체를 가리킨다.

이런 중요한 핵심 스킬이 부족한 상태라면 충분한 가치를 제공할 수 없다. 이 경우는 우선 핵심 스킬을 습득하고 향상시키는 작업부터 시작해야 한다.

한편, 부수적인 스킬이란 최고의 일에 직접적으로 관계하지 않는 스킬로, 가장 흔히 생각할 수 있는 것이 마케팅 능력이다. '최고의 일'을 생각할 때 마케팅 컨설턴트에게는 마케팅 능력이 핵심 스킬이지만, 가령 세무사라면 마케팅 능력은 부수적인 스킬이다. 부수적인 스킬인 경우는 유상 또는 무상으로 빌릴 수 있지만 핵심 스킬은 빌릴 수 없다. 자신에게 부족한 점이 핵심 스킬인지 부수적인 스킬인지를 확인하고, 핵심 스킬이 부족한 경우는 그 기량을 연마하는 일을 최우선 과제로 삼아야 한다.

Step 8 '타인과의 비교'가 명확한가?

여기서 핵심은 '남들과 다른 점을 얼마나 명확히 알고 있는가?'다. 다음 사례를 살펴보자.

어떤 사람은 '타인과의 비교'에 다음과 같이 기입했다.

A. 프로듀스 능력이 남들보다 뛰어나다

B. 코디네이트 능력이 남들보다 뛰어나다

C. 타인의 이야기를 잘 들어주는 능력이 남들보다 뛰어나다

또한 이 사람은 스텝 5 '당신이 할 수 있는 일'에는 다음과 같이 적었다.

a. 구조화해서 기획안을 작성할 수 있다

b. 고용하고 싶은 사람과 취업하고 싶은 사람을 매칭할 수 있다

c. 코칭 기술이 있다

A, B, C와 a, b, c는 각각 일단 대응하고 있지만, '남들과 어떻게 다른가'는 이것만으로는 알 수 없다. 프로듀스 능력이나 코디네이트 능력, 또는 남의 이야기를 잘 들어주는 경청 능력이 있는 사람은 이 사람 이외에도 무수히 많다. 스스로 이런 능력이 뛰어나다고 생각한다고 해도, **남들과 비교해서 객관적으로 어떤 차이점과 우위성이 있는지를 제삼자가 알 수 있도록 설명하지 못하면 시장**

가치로 이어지지 않는다.

Step 10 '가장 가치를 누릴 수 있는 사람'과
매칭하고 있는가?

142쪽에서 소개한 사례를 되짚어보자. 스텝 9에서 베네핏을 '나는 반응률이 높은 섬네일 이미지를 만들 수 있으므로, 당신은 광고비 대비 높은 효과를 얻을 수 있다'라고 정의한 사람이다. 이 경우 '가장 가치를 누릴 수 있는 사람'을 생각해보자. 반응률이 높은 섬네일 이미지의 가치를 누릴 수 있는 사람은 누구일까? 다음과 같은 사람 또는 회사를 떠올릴 수 있다.

① 온라인 광고의 광고주(회사 및 개인)
② 온라인 광고 게재 및 운영을 대행하는 회사
③ 홈페이지 제작 회사
④ 오프라인 매장을 운영하는 회사나 개인(주로 POP 이미지로써)

①~④ 중에서 가장 업무량이 많고 안정되어 보이는 대상은 ②

다. ③도 좋지만 섬네일 이미지의 가치가 딱 알맞게 매칭될지는 약간 의문이다. 여기서 범주를 좁혀갈 때 살펴보아야 할 점이 스텝2 '최고의 일'이다. 스텝 2에서 '어떤 사람에게 어떻게 감사를 받고 싶은가?'를 생각했는데, 그에 비춰 생각해보자.

가령 앞에서 언급한 사례에서 스텝2 '최고의 일'이 '나고 자란 지역의 상점가 사람들에게 멋진 디자인의 POP를 만들어줌으로써 도와주는 일'이라고 쓰여 있었다면 ④가 제1후보로 떠오른다. 수주 규모는 ②보다 작을지 모르지만 그 사람이 '최고의 일'로 ④를 지향할 가능성도 충분히 있다.

AMM 서치 시트의
브러시업 기법

지금까지 AMM 서치 시트의 각 요소가 제대로 적혀 있는지, 누락된 곳은 없는지 확인했다. 드디어 이제부터는 AMM 서치 시트의 최종 단계, AMM 서치 시트의 각 스텝을 한눈에 부감하면서 서로 관련 지어 브러시업 하는 방법을 소개하겠다.

단, 이 브러시업은 스텝이나 순서가 정해져 있지 않으며 사람마다 혹은 상황마다 제각각 방법이 다르다. 그래서 여기서는 실제 사례를 소개하면서 브러시업 방법을 설명하려고 한다. (개인 정보 보호를 위해 사례에 나오는 이름은 모두 이니셜로 적었다.)

사례 1: 앞으로의 커리어를 찾아낸
G 씨(40대, 회사원)

G 씨는 회사원이며 시스템 엔지니어로 활약하고 있지만, 나중에는 독립하려고 마음먹고 있었다. 그래서 최종적으로 '직원들을 참여하도록 끌어들이는 퍼실리테이션 능력이 뛰어난 시스템 개발·운용 조력자'라는 새로운 커리어 이미지를 만들었다.

일반적으로 회사원의 경우에는 '최고의 일' '당신이 할 수 있는 일' '타인과의 비교'를 명확히 정의할 수 없는 케이스를 흔히 볼 수 있다. G 씨의 경우는 '당신이 할 수 있는 일'은 명확한 편이었지만 '타인과의 비교'를 찾아내지 못하고 있었다.

G 씨가 작성한 AMM 서치 시트의 핵심은 다음과 같다.

Step 2: 최고의 일
- 시스템 도입 시 프로젝트 추진과 운영으로 고민하는 사람을 직원들을 끌어들여 지원하는 방식으로 도와주는 일

Step 5: 당신이 할 수 있는 일
- 제조업 시스템 개발과 운용의 문제점을 조기에 발견하고 사

람들을 움직여 해결로 이끄는 일

- 북클럽에서 퍼실리테이션을 할 수 있다
- 시스템 개발 팀의 리더 역할을 할 수 있다
- 시스템 개발과 운용 관리를 할 수 있다

Step 8: 타인과의 비교
- 개별적으로는 현저한 차이점을 찾아내지 못했다

위와 같이 G 씨의 경우에는 스텝 5의 '당신이 할 수 있는 일'은 여러 가지 꼽았지만 스텝 8 '타인과의 비교'에서 벽에 부딪쳤고 그 결과 '당신이 할 수 있는 일'의 포지셔닝을 할 수 없었다. 그 상태에서 어떻게 돌파구를 찾아냈는지를 알아보자.

우선 '최고의 일'은 '시스템 지원으로 도움을 주는 일'이며 지금 하고 있는 일도 시스템 관련 일이므로 그 점에서 일관성이 있다. 다만 '당신이 할 수 있는 일' 중 시스템 관련 일에서는 '타인과의 비교' 면에서 좀처럼 현저한 차이점을 찾아낼 수 없었다. 다만 주목해야 할 점은 '북클럽의 퍼실리테이터' 자격증을 갖고 있다는 점이다. 이 점은 독자성이 있다. 그래서 '시스템 개발 리더×북클럽 퍼실리테이터'라고 하면 차별화 요인이 될 수 있지만 스텝 9에서 '그것은 무엇이 좋은가?'를 명확히 정의하지 못하면 시장 가치는 없다.

이때 돌파구가 된 것이 실적이다. G 씨의 실적으로는 다음과 같은 내용이 쓰여 있었다.

Step 4: 당신의 실적

- 기업의 시스템 개혁 프로젝트에서 사내외 관계자와 협업하여 원활한 운영을 실현했다
- 회사 자체 소방대에서 활동을 총괄하는 본부장으로서 사내의 방재 활동을 활성화했다

이러한 실적으로 G 씨는 '관계자와 원활히 협업해 통솔하는 능력이 있다'는 사실을 알 수 있다. 대개 이런 리더십이 차별화하기 어려운 능력인 까닭은, 이 세상에 통솔력 있는 사람이 많기 때문이다. 하지만 G 씨는 '북클럽 퍼실리테이터' 자격증이 있으므로 앞서 말한 실적을 '관계자와 원활히 협업해 통솔하는 능력'의 객관적인 증거로 제시할 수 있다.

그렇다면 스텝 5와 8은 다시금 아래와 같이 정의할 수 있다.

Step 5: 확실히 사내외의 관계자를 퍼실리테이트, 즉 참여시키

고 의견을 이끌어냄으로써 시스템 개발과 운영을 원활
히 하는 일

Step 8: 시스템 개발 프로젝트 리더×북클럽 퍼실리테이터

그다음 스텝 9를 생각해보자. '사내외 관계자를 퍼실리테이트,
즉 참여시키고 의견을 이끌어냄으로써 시스템 개발과 운영을 원
활히 하면 뭐가 좋은가?' 그러면 '관계자를 적극적으로 참여시키면
직원들의 주인 의식이 강해져 시스템 개발이 순조롭게 완료되고,
엔지니어가 떠난 후에도 자발적으로 시스템을 계속 사용할 수 있
다. 그 결과, 시스템의 투자 효과가 발휘되어 기업의 경쟁력 강화
로 이어진다'는 이점을 도출할 수 있다.

그러면 G 씨의 가치를 가장 누릴 수 있는 대상으로서 'IT 투자
로 경쟁력 강화를 꾀하고 싶지만 인재 부족으로 대응하지 못하고
포기한 지방의 중소기업 경영자'가 떠오를 것이다.

이것들을 바탕으로 G 씨의 새로운 커리어 이미지를 최종적으
로 다음과 같이 표현할 수 있었다.

Step 11: 직원들을 참여시키는 퍼실리테이션 능력이 뛰어난 시
스템 개발·운용 조력자

G 씨는 지금까지 사내에서의 업무 시스템 경력밖에 없었기 때문에 타사에서 얼마나 통용될지 불안했다. '시스템 개발 전문가'로서 일해나가려면 모든 시스템에 정통해야 한다고 생각하는 것도 무리가 아니다. 하지만 G 씨의 경우, 퍼실리테이션 능력을 활용해 '직원들을 적극적으로 참여시키면서 프로젝트를 진행하는 일'이 강점이므로 회사마다 다른 개별 시스템 자체에 대한 지식이 없어도 충분히 대응할 수 있을 것으로 보인다.

166쪽에서 설명했듯이, 부족한 점이 핵심 스킬인지 아니면 부수적인 스킬인지를 다시 한 번 떠올려보자. '시스템 개발 전문가'로 포지셔닝하면 대상 시스템에 대한 지식과 기술은 핵심 스킬이 되겠지만 직원을 이끌어 참여시키면서 프로젝트를 진행하는 일로 포지셔닝하면 개별 시스템에 대한 전문적인 지식은 부수적인 스킬이 되므로 다른 사람이나 회사의 힘을 빌릴 수 있다. 이처럼 강점을 정의하기 위해서는 조금만 더 시야를 넓혀서 생각해야 돌파구를 찾을 수 있다.

이러한 사실을 이해한 G 씨는 새로운 커리어 이미지를 실현하기 위해 한 발짝 내디딜 수 있었다.

사례 2: 사업 확장 계획을 명확히 찾아낸
K 씨(40대, 자영업자)

K 씨는 스포츠 트레이너로 헬스장을 경영한다. AMM 서치 시트를 통해 기업에 '건강 유지·관리 프로그램을 복리후생의 일환으로 제공한다는 커리어 이미지'와 '앞으로 어떤 단계로 사업을 확장해나가면 좋을지'에 관해, 예전에는 생각지도 못했던 아이디어가 떠올라 사업 확장의 방향성이 명확해졌다고 한다.

K 씨는 이미 독립, 창업해서 실적도 풍부했기 때문에 '당신이 할 수 있는 일'이 명확했다. 또한 K 씨는 개인뿐만 아니라 법인을 대상으로도 비즈니스를 시작한 데다 동업자에게 전문적인 노하우를 가르치는 일도 병행하고 있었다. 그래서 당초에 K 씨의 AMM 서치 시트는 개인용, 법인용, 교육의 세 가지 분야가 혼재된 다음과 같은 형태였다.

Step 2: 최고의 일
- 몸이 아파서 병원을 비롯해 어디를 가도, 뭘 해봐도 낫지 않아 고민하며 좋아하는 일과 하고 싶은 일을 포기하고 이제 치유가 불가능하다고 생각하던 사람들에게, 단 한 번 그 자

리에서 개선 효과를 실감할 수 있는 프로그램을 제공하여 희망을 전하고 건강해지도록 도와주는 일

Step 3: 현재의 일
- 운동선수의 트레이너뿐만 아니라 일반인을 대상으로 어깨 결림 개선과 신체의 통증 해소 등을 제공하는 일
- 법인을 대상으로 어깨 결림 개선 프로그램을 제공하는 일
- 자신의 지식과 기술을 널리 가르치는 일

Step 5: 당신이 할 수 있는 일
- 올바른 신체 사용법을 신체의 구조부터 가르칠 수 있다
- 어깨 결림, 요통, 무릎 통증 등 신체 통증을 해소해줄 수 있다
- 온라인에서도 가르칠 수 있다
- 전문가에게도 지식과 기술을 가르칠 수 있다

확실히 신체에 문제가 생긴 원인(인체 시스템 오류)을 정확히 찾아내고, 누구나 쉽게 할 수 있는 방법으로 단시간 내에(즉석에서) 실감할 수 있는 효과를 내어 문제를 해결할 수 있다(온라인에서도 가능)

Step 8: 타인과의 비교

신체에서 일어나는 문제는 인체의 시스템 오류로, 그 시스템 자체에 적절한 프로그래밍으로 접근하기 때문에 일시적인 효과로 끝나지 않는다

K 씨의 경우, 할 수 있는 일이 분명하고 '타인과의 비교'에서 차별화 요소도 비교적 뚜렷하다. 다만 문제는 사업 전개의 방향성이 아직 명확하지 않다는 점이었다. 따라서 AMM 서치 시트 전체를 조망하며 다음과 같은 길을 찾아냈다.

1단계: 법인 기업을 대상으로 복리후생의 관점에서 서비스를 제공

2단계: 자신만의 노하우를 책으로 출간

3단계: 현재의 교육 부문을 강화하여 프랜차이즈로 전개

우선 1단계에서는 법인 기업에 복리후생의 서비스를 제공한다는 관점과 직원들의 건강을 생산성 향상과 연관 지어 전개한다는 아이디어를 생각해냈다.

그리고 전문가들에게도 지식과 기술을 가르치고 있다는 사실

에 착안하여 그 노하우를 책으로 출간하고 이 방법을 도입하고 싶어 하는 사람들에게 강좌를 열어 수입원을 늘리는 등, 프랜차이즈와 같은 형태로 전개함으로써 개인 인력의 한계를 뛰어넘는 길을 모색하면서 우선순위를 명확히 했던 것이다.

AMM 서치 시트 작성을 통해 찾아낸 K 씨의 새로운 커리어 이미지는 '비용을 절감하면서도 효율적인 복리후생을 찾고 있는 기업에게 소프트웨어를 기반으로 건강을 실감할 수 있는 프로그램을 제공함으로써 직원들 간의 일체감을 높이고 경영자에 대한 신뢰를 높이는 일'이었다.

K 씨는 "독립한 이후 쉬지 않고 달려왔는데, 지금까지 해온 일을 정리할 수 있어 장단기적인 커리어 이미지를 바탕으로 앞으로 사업 전개에 우선순위를 정할 수 있었던 것이 매우 의미 있었다"고 소감을 밝혔다.

사례 3: 커리어를 확장하기 위해 이직한 N 씨(20대, 회사원)

N 씨는 회사원으로 여러 상품의 마케팅을 담당했다. 자신의 일에

보람을 느꼈지만, 20대 후반으로 접어들면서 좀 더 자신의 의지로 움직일 수 있는 일을 하고 싶다는 생각이 들었다. 다니던 회사에서도 실현하기 불가능한 일은 아니었지만, 일단 환경을 바꾸는 것이 좋겠다고 판단해 이직을 하기로 마음먹었다.

N 씨는 지금까지 많은 마케팅 정책을 담당하면서 성과도 올렸기 때문에 마케팅 지식과 스킬에 관해서는 자신이 있었다. 다만, '이런 내가 무엇을 할 수 있을까'에 대해서는 명확히 설명할 수가 없어 답답함을 느끼고 있었다.

N 씨가 작성한 AMM 서치 시트의 핵심은 다음과 같다.

Step 2: 최고의 일

- 고마워. 네 덕분에 프로젝트를 크게 성공시켰어!
- 고마워하는 사람은 경영자·투자자
- 최고의 일은 야망이 있는 사람에게 성공을 제공하는 일

Step 3: 현재의 일

- 마케팅으로 비즈니스에 과제를 안고 있는 사람을 모은다

Step 4: 당신의 실적

- 광고로 CPL(Cost Per Lead, 잠재 고객 한 명을 획득하는 데 드는 비용) 0,000원
- 내가 담당한 상품이 매출 1위!

Step 5: 당신이 할 수 있는 일

- 웹 광고로 고객을 유치할 수 있다
- 소셜 셀링을 할 수 있다
- 카피라이팅을 할 수 있다
- 계획, 실행, 확인, 개선의 PDCA를 실행할 수 있다
- 유의할 점이나 문제점을 의식하는 기획력이 있다
- 직종을 넘어 조직을 하나로 아우르는 일
- 조직에 한 명쯤은 꼭 필요한, 믿고 일을 맡길 수 있는 만능 심부름꾼 역할

Step 6: 최고의 일에 부족한 점

- 프로젝트 경험
- 신뢰할 수 있는 실적
- 조직을 통솔하는 카리스마

Step 7: 부족한 점 해소

- 경험과 신뢰는 자신이 관여해온 회사나 서비스의 이름으로 증명한다
- 카리스마 있는 사람을 오른팔로 삼는다

Step 8: 타인과의 비교

- 스페셜리스트가 아니라, 제너럴리스트로서 균형감각이 뛰어나다(스페셜리스트는 특정한 한 분야에 깊은 지식과 실력을 갖춘 전문가를 의미하며, 제너럴리스트는 다방면에 상당한 지식과 경험을 지닌 사람을 의미한다 - 역주)

Step9: 그것은 무엇이 좋은가?

- 만능 심부름꾼 역할을 하는 매니저이므로 안심하고 권한을 이양할 수 있다. 그 결과, 경영자는 다른 중요한 업무에 주력할 수 있다

N 씨의 AMM 서치 시트에는 '만능 심부름꾼'이라는 단어가 두 번 나온다. 이는 스텝 5의 '당신이 할 수 있는 일'은 여러 가지가 있지만 '이거다!' 할 수 있는 특출한 한 가지가 없으며, 무엇이든지 요

령 있게 해온 결과 '만능 심부름꾼' 혹은 '제너럴리스트'라는 셀프 이미지가 만들어졌다고 생각할 수 있다.

그래서 활용한 방법이 128쪽에서도 소개한 토털 패키지화다. N 씨가 스텝 5에서 쓴 '당신이 할 수 있는 일'을 하나씩 살펴보면 그 밖에도 훨씬 더 탁월한 능력을 지닌 사람이 있으므로 '차별화 요소'가 되지 못한다. 우위성 면에서도 부족하지만, 반대로 모든 일을 일정 수준으로 해낼 수 있는 사람도 별로 없다.

N 씨도 그 사실을 어렴풋이 의식하고 있었지만, 그것이 강점이 될 수 있으리라고는 생각하기 어려웠다. 그리고 N 씨가 또 한 가지 마음에 걸렸던 점은, 스텝 6에서 부족한 점으로 꼽았던 '조직을 통솔하는 카리스마'였다. 이에 대해서는 스텝 7의 '부족한 점 해소' 부분에 '카리스마가 있는 사람을 오른팔로 삼는다'라고 기입했다.

이는 자신의 오른팔을 만들거나 자신이 카리스마 있는 사람의 오른팔이 되거나, 둘 중 무엇이든 선택할 수 있는 것이다.

그래서 방해 요인이 제거되자 토털 패키지화해, 프로젝트 전체를 맡아 성과를 낼 수 있다는 점이 자신의 강점이라고 인식하게 되었다. 그리고 새로운 커리어 이미지로서 '마케팅 프로젝트 인티그레이터(통합자)'라는 셀프 이미지가 생긴 것이다. N 씨는 지금까지 모든 일에 대한 능력이 어중간하다는 인식이 있었지만, 모든 것을 통합함으로써 성과를 낼 수 있다는 것이 자신의 강점이라고 확신했다.

그리고 몇 개월 후, N 씨는 벤처 기업을 창업한 사람과 인연이 닿아 그 회사로 이직했다. 그 회사에서 그 창업자의 오른팔이 되어 마케팅 업무를 넘어 사업 전반을 맡아 진행하게 되었다.

사례 4: 정년퇴직 후 창업에 필요한 과제를 인식한 Y 씨(60대, 회사원)

Y 씨는 40여 년 동안 유통업에서 실적을 쌓아왔다. 정년퇴직을 앞두고, 지금부터는 '강점을 살린 일을 찾아 현역으로 계속 일하고 싶다'는 소망을 품고 있다. Y 씨가 작성한 AMM 서치 시트의 핵심은 다음과 같다.

Step 2: 최고의 일

Y 씨에게는 처음에 '최고의 일'이 여러 개였는데, 이는 각각 다른 기술을 필요로 하는 일이었다. 그래서 그중 어느 것이 Y 씨에게 최고의 일인지를 깊이 생각한 결과, 이와 같이 정리했다.

- 카피라이팅과 판매 전략으로, 매출을 신장시키고 싶어 하는 소매점을 도와주는 일

Step 3: 현재의 일
- 영업 책임자로서 영업 전반을 총괄(전단지 제작에 관한 자문 포함)

Step 4: 당신의 실적
- 3년 연속 영업 실적 1위
- 영업 실적이 좋지 않은 직원 두 명의 능력을 향상시켜 활약할 수 있게 이끌었다
- 유소년 야구 감독 경력 10년

Step 5: 당신이 할 수 있는 일
이 부분도 처음에는 범위를 좁히지 못한 듯 다음과 같이 여러 가지가 적혀 있었다.
- 영업 실적이 저조한 직원에게 효과적인 지도를 할 수 있다
- 상대방의 니즈를 파악하여 최적의 제안을 할 수 있다
- 첫 대면에서 원활한 인간관계를 구축하는 일
- 인맥·네트워크를 만드는 일

Step 8: 타인과의 비교

Y 씨 자신이 인식하고 있는 타인과의 차별점은 다음과 같았지만, 남들과 비교했을 때 독자성과 우위성을 알 수 있는 내용은 아니었다.

- 오랜 영업 경력
- 공감 능력
- 실패를 극복하는 힘
- 알기 쉽게 전달하는 힘

Y 씨의 경우, 회사원에게 흔히 나타나는 패턴인 '할 수 있는 일'이 확실하게 정의되지 않은 상태였다. 특히 '타인과의 비교'에서 객관적으로 우위성이 드러나는 요소를 찾지 못했다. '공감 능력이 뛰어나고 영업 경험이 풍부한 사람'이라는 점만으로는 차별화 요인이 될 수 없다. 그래서 스텝 4, 5, 8을 나란히 놓고 보았더니 영업 실적이 뒤떨어지는 직원에게 공감하면서 지도해 성과를 이끌어내는 모습이 보이기 시작했다. 또한, 유소년 야구 감독을 10년 동안 지속한 실적에서도 공감 능력과 리더십이 있다고 판단할 수 있었다.

그러자 단지 '매출을 올린다'기보다는, 공감력을 활용하여 영업 실적이 부진한 직원의 능력을 신장시켜 회사 전체의 영업력을 끌어올림으로써, 실적 향상에 기여할 수 있다는 이점이 부각되었다.

그래서 스텝 9의 '그것은 무엇이 좋은가?' 즉, 베네핏을 먼저 정리하자 다음과 같이 정의할 수 있었다.

'공감 능력을 활용하여 영업 실적이 부진한 직원의 능력을 끌어올릴 수 있다. 그 결과, 기업은 신규 채용을 하지 않고도 실적을 올릴 수 있다'

즉, 영업을 잘하지 못하는 사람으로 대상을 좁혀서 약간의 우위성을 느낄 수 있게 되었다. 하지만 마지막 한 방이 아쉬웠다. 그래서 스텝 2 '최고의 일'에 쓴 카피라이팅으로 도와주는 일과 스텝 3 '현재의 일'에서 전단지 제작도 하고 있다는 점을 골라내 '공감 영업×카피라이팅'이라는 아이디어를 떠올렸다.

최종적으로 스텝 11의 '새로운 커리어 이미지'는 다음과 같이 표현할 수 있었다.

'높은 신뢰 관계 구축력을 활용해 실적이 부진한 직원들의 능력을 끌어올림으로써 회사 전체의 성과를 끌어올리는 컨설턴트'

그리고 이 커리어 이미지를 실현하기 위해서는 정년퇴직 때까지 남은 시간을 활용하여, 조금 숙련된 카피라이팅 스킬을 더욱 갈고닦아야 한다는 과제와 방향성을 찾아냈다.

지금까지 네 명의 사례를 바탕으로 AMM 서치 시트의 브러시업 방법을 설명했다. 이런 식으로 AMM 서치 시트 전체를 바라보면서 각 스텝 간의 연관성에 주목하면 당신 스스로 납득할 수 있는 새로운 커리어 이미지를 찾아낼 수 있다. 그리고 새로운 커리어 이미지가 생겨나면 AMM은 완성된다.

만약 아직 이해가 잘되지 않는다면, 조금 시간을 두고 다시 시도해보자. 스텝 1에서 언급했듯이 머리가 복잡한 상태에서는 좀처럼 좋은 아이디어가 떠오르지 않는다. 시간이 조금 지난 후에 맑은 정신으로 다시 생각해보면 '그런 거였구나!' 하고 깨닫게 될 것이다.

당신의 강점을 비싸게 팔아라

6장

당신의
가치를
전달하는
기술

당신의 가치를 알려라

돈을 벌지 못하면 '그림의 떡'

5장까지 AMM 서치 시트를 작성하는 방법 및 브러시업 방법을 알아보았다. 당신이 새로운 커리어 이미지를 찾을 수 있다면 AMM은 완성이다. 하지만 잠시 생각해보자. 아무리 새로운 커리어 이미지를 찾아낸다고 해도, 실제로 그 커리어를 사용해 돈을 벌지 못한다면 단지 '그림의 떡'에 지나지 않는다. 그 커리어를 돈으로 바꾸려면 '당신 스스로 인식하고 있는 자신의 훌륭한 가치를, 그것을 원하는 사람에게 알릴' 필요가 있다.

"좋은 상품인데···. 사용해보면 분명히 알아줄 텐데!" 하는 말을 자주 듣는다. 하지만 이 말은 전혀 의미가 없다. 왜냐하면 '고객은 물건이나 서비스를 사기 전에 좋은 상품이라는 것을 알지 못하면 사주지 않기' 때문이다.

이는 상품이나 서비스를 판매할 때뿐만 아니라, 전문직이나 컨설턴트처럼 자신이 상품 또는 서비스가 되는 경우에도 똑같이 적용된다. 또한 이직이나 부서 이동을 원하는 경우의 자기 홍보나 사내에서 기획, 제안하는 경우에도 해당된다. 다시 말해 '당신의 가치를 확실히 전달하는 기술'이 필요하다.

그리고 이 '가치를 전달한다'는 부분은 본래 카피라이팅의 영역이며, 우리가 가장 잘할 수 있는 부분이기도 하다. 카피라이팅 스킬을 익히는 데는 상당한 훈련이 필요하지만, 여기서는 카피라이팅에 대해 자세히 몰라도 가치를 전할 수 있는 방법으로 '프로필'과 '메시지 모델'을 소개하겠다.

당신의 강점을 명확히 표현하는 프로필을 만든다

우선 '**프로필**'이다. '어? 프로필 같은 건 쉽게 쓸 수 있는 거 아냐?' 또는 '난 프로필 쓸 일이 없는데' 하고 생각할지도 모른다. 하지만 프로필은 취업이나 이직할 때 자기 홍보를 위해 작성할 뿐만 아니라, 오늘날에는 판매 도구의 하나라고도 할 수 있다.

컨설팅 회사처럼 컨설턴트가 여러 명 재직하고 있는 경우에는 프로필이 일목요연하게 정리되어 있어 고객들이 프로필을 보고 '어떤 컨설턴트에게 상담할까?' 선택할 수 있다. 그러므로 프로필을 어떻게 작성하느냐에 따라 일감을 수주할 수 있는지 없는지가 결정된다.

또한 블로그 글의 마지막에 집필자의 프로필을 게재하기도 하고, 그 외에도 사내외 프로젝트에서 구성원을 소개하는 형태로 프로필을 올리기도 한다. 결국 프로필로 타인에게 호감과 관심을 받을 수 있느냐 없느냐가 이후 일의 성패에 영향을 미치기도 한다.

이런 식으로 프로필을 사용하는 경우가 의외로 많다. 그런데 일반적으로 프로필이라고 하면 생년월일, 출신 학교, 경력, 취미 등을 쓰면 완성된다는 인식이 일반적이다. 그렇다면 어떻게 해야 프로필로 자신의 가치를 효율적으로 전달할 수 있을까? 답은 간단하다. 당신이 찾아낸 AMM을 그대로 프로필에 적용해 사용하면 된다. 완성된 AMM을 통해 당신의 강점을 설득력 있고 영향력 있는 형태로 표현할 수 있다. AMM 서치 시트의 어떤 스텝을 어떤 순서로 넣을 것인지는 상황에 따라 달라지겠지만, 아래는 표준 패턴을 템플릿으로 만든 것이다. 덧붙이자면, 이 패턴은 사내용과 사외용은 물론, 창업하는 경우에도 똑같이 사용할 수 있다.

이름: ('Step 1: 이름')

제목(캐치프레이즈): ('Step 11: 새로운 커리어 이미지'를 카피로 표현한 경우)

- 실적·권위 또는 경력으로서 'Step 4: 당신의 실적'
- 전문 분야로서 'Step 5: 당신이 할 수 있는 일 + Step 9: 그것은 무엇이 좋은가?'
- 차별화 요소로 'Step 8: 타인과의 비교'
- 비전으로서 'Step 2: 최고의 일'

이 내용을 반영한 프로필의 예는 다음과 같다(사내용으로 상정).

타케우치 신타로
인재를 육성하는 디지털 마케터

디지털 마케팅 도입으로 반년 만에 사내의 고객 확보 비용을 30%
절감하고 팀의 매출을 12% 향상시켰다.
각종 디지털 도구의 최적 조합을 숙지하고 있어서 각 부서의 과제
를 최단 시간 내에 해결하고 최대한의 투자 효과를 발휘할 수 있
다. 또한 디지털 도구 도입 시, 사용자의 의식 개혁을 함께 진행하
므로 인재 육성을 동시에 실행한다.
영업 현장과 시스템 부서 간의 의식 차이를 개선하고자 하는, 사내
에서 유일하게 영업 경력을 겸비한 디지털 도구 전문가다.
인재 육성으로 연계되는 디지털 도구를 도입하는 일에 보람을 느
낀다.

어떤가? 어디까지나 표준적인 템플릿에 적용했을 뿐이지만 강
점을 설득력 있고 임팩트 있는 형태로 표현했다는 사실을 알 수 있
다. 반드시 당신도 자신의 AMM 서치 시트를 토대로 확실한 영향
력을 줄 수 있는 프로필을 작성해, 여러 상황에서 당신의 가치를
전달하기 바란다.

같은 자료라도
전달하는 내용과 순서에 따라
인상이 달라진다

이번에는 당신의 가치를 전달하는 '메시지 모델'을 소개하겠다. 다소 생소한 단어일지도 모르지만, 메시지 모델이란 '무엇을 어떤 순서로 전달해야 상대방에게 가장 잘 전달될 수 있는가'를 모델화한 것이다. 이 메시지 모델은 37쪽에서도 소개했지만, 웹에서 상품이나 서비스를 판매할 때 필요한 랜딩페이지라고 불리는 광고 문구나 사내외 기획서, 제안서, 의뢰서 등 한마디로 '사람을 움직이는 글'을 작성할 때 필수적인 방법이다.

같은 내용이라도 말의 순서나 말투를 조금만 바꾸면 상대가 받는 인상이 달라진다. 자주 보고 듣는 예시이지만, 다음 다섯 가지 문장을 비교해보자.

A: 그는 일하는 속도는 빠르지만 팀을 이끄는 능력이 부족하다

B: 그는 팀을 하나로 아우르는 능력이 부족하지만 일하는 속도는 빠르다

C: 그는 혼자서 하는 일은 잘하지만 리더로서의 자질은 없다

D: 그는 리더로서의 자질은 없지만 혼자서 하는 일은 잘한다

E: 그는 팀을 잘 이끌지는 못하지만 일을 처리하는 속도는 놀랄
  만큼 빠르다

A부터 E까지 있는데, 다섯 문장 모두 기본적으로는 같은 말을 하고 있다. 특히 A와 B, C와 D는 완전히 같은 내용을 순서만 바꿔 말했을 뿐이다. 그런데도 앞에 오는 말보다 뒤에 오는 말에서 더 강조된 인상을 받는다. 이처럼 같은 내용이라도 '어떤 순서로 말하느냐'에 따라 인상이 크게 달라진다.

또한 A·B와 C·D는 모두 같은 말을 하고 있지만, 초점을 맞춘 포인트가 조금씩 다르다. '일하는 속도가 빠르다'를 '혼자서 하는 일은 잘한다'고 해석하고 '팀을 하나로 아우르는 능력이 부족하다'를 '리더로서의 자질이 없다'라고 해석하고 있다. 즉, '무엇을 말하느냐'에 따라 인상이 크게 달라지는 것이다. 더욱이 B는 '일이 빠르다'는 부분이 긍정적인 인상을 주는 데 반해, C와 D는 '리더로서의 자질은 없다'라고 둘 다 부정적인 인상을 준다는 것을 알 수 있다.

그리고 E를 보면 말의 순서는 B, D와 같지만 '일을 처리하는 속도는 놀랄 만큼 빠르다'라고 표현을 바꿈으로써 '일 처리가 빠르다'라는 요소가 B보다 강조되어 있다.

이처럼 '무엇을', '어떤 순서로', '어떻게 말하느냐'에 따라 사람들이 받아들이는 인상이 확연히 달라지는 것이다.

카피라이팅은 '어떻게 말할까' 하는 표현의 기술이라고 여기기 쉽지만, 그건 정확한 이해가 아니다. '어떻게 말할까?' 즉 '어떻게 표현할까' 하는 요소도 중요하지만 그보다는 '무엇을, 어떤 순서로 말할까'가 훨씬 더 중요하다.

보통 상품이나 서비스를 판매하는 경우라면 '무엇을, 어떤 순서로 말할 것인가'를 정하기 위한 사전 조사로서 상품이나 서비스는 물론이고 고객과 경쟁사에 대한 조사가 필요하다. 하지만 당신은 이미 AMM 서치 시트의 열한 개의 스텝을 통해 자신의 가치로 '무엇을 말할 것인가'에 대한 조사는 마쳤다. 그러므로 지금부터는 '어떤 순서로 말할 것인가'에 초점을 맞춰 생각하면 된다.

현대의 필승 템플릿
'PASBECONA 법칙'

무엇을, 어떤 순서로 전달할까?

카피라이팅은 미국에서는 100년 이상의 역사를 지니고 있다. 반면에 일본에서는 나, 간다 마사노리가 1995년에 이 기술을 접하고 본격적으로 보급시켰다. 확실한 건 아니지만 미국에서 일찌감치 카피라이팅이 사용된 배경을 추측해보면 다음과 같다.

일본은 국토가 좁고 영업 대상 지역이 비교적 집중되어 있기 때문에 예로부터 한 집 한 집을 찾아다니면서 고객의 주문을 받는 방문 영업 형태가 주류를 이루었다. 반면에 미국은 일본보다 국토가 훨씬 드넓고 영업 대상 지역도 넓다. 거리가 멀고 시간도 오래 걸리기 때문에 방문 영업이 아니라 편지를 이용한 판매, 즉 오늘날의 통신 판매가 일찍부터 활발하게 이루어졌다.

당시 통신 판매는 편지를 보내고 답장을 받는 방식이었기에 고객에게 편지를 읽어보게 하고 그 내용으로 구매 결정을 유도하는 것이 매우 중요했다. 그래서 세일즈에 사용하는 편지 쓰기 기술이 일찍부터 보급되었고, 이것이 카피라이팅의 기술로 확립되었다고 볼 수 있다.

나, 간다 마사노리가 일본어판을 감수하고, 오랫동안 카피라이팅의 바이블로 읽히고 있는 존 케이플스의 저서 《광고 이렇게 하면 성공한다》의 원서 초판이 출간된 것은 1932년으로, 제2차 세계대전이 시작되기도 전이었다. 그 무렵부터 '어떻게 써야 읽는 사람의 반응을 강하게 이끌어낼까' 하는 연구가 진행되었다. 그리고 시행착오의 결과로 얻은 그 지식은 '경험치'로서 경영자나 직장인들 사이에서 전해져 내려왔다.

그 '경험치'의 재현성을 높이기 위해 '무엇을 어떤 순서로 전할 것인가'를 메시지 모델화하려는 움직임도 활발하게 일어나고 있다. 그 일환으로 우리는 세일즈 레터나 랜딩페이지 등 잘 팔리는 광고 메시지의 구조를 분석하고 전달하는 방법의 표준 패턴으로서 매우 범용성 높은 메시지 모델을 만들었다. 그것이 바로 'PASBECONA(파스비코나) 법칙'이다. 이 법칙은 다음의 표와 같이 아홉 가지 요소를 정해진 순서로 전달해야 가치가 가장 잘 전달된다는 사실을 알려준다.

PASBECONA(파스비코나)의 기본 구조

Problem	문제	읽는 사람이 안고 있는 문제점이나 아픔을 제시한다
Affinity	친근	읽는 사람의 상태에 대한 공감을 표현한다
Solution	해결	해결책을 제시한다
Benefit	이득	그것을 사면 어떤 좋은 점이 있는지를 제시한다
Evidence	증거	그것이 효과가 있다는 증거를 제시한다
Contents	내용	상품 또는 서비스의 상세한 내용을 제시한다
Offer	제안	그것을 얻기 위한 판매 조건을 제시한다
Narrow	특정	자신의 가치관에 딱 맞는 고객을 만난다
Action	행동	구체적인 행동을 촉구한다

이 아홉 가지 요소를 이 순서대로 열거하다 보면 읽는 사람은 '맞아, 그렇지!' 하고 수긍하면서 읽게 되고 결국 쓴 사람은 의도한 행동을 유도할 수 있다. 상대에게 맞춰 순서를 바꿀 수도 있지만, 우선은 이 기본형을 기억한다.

이 PASBECONA는 현대의 랜딩페이지에 필요한 요소도 갖추고 있어서, 그대로 랜딩페이지의 템플릿으로 활용할 수도 있다. 다음 205쪽에서 PASBECONA를 활용한 랜딩페이지 템플릿을 참고하기 바란다.

이 PASBECONA 법칙은 광고 글을 쓰기 위한 기본 구조이지만 이는 당신 자신이나 당신의 아이디어를 홍보할 때도 그대로 사용할 수 있다. 여기서는 다음 세 가지 경우에 'PASBECONA 법칙을 사용해 당신의 가치를 알리는 방법'을 소개하겠다

(1) 전문직이나 다양한 분야의 컨설턴트처럼, 자기 자신이 거의 그대로 상품 또는 서비스가 되는 경우

(2) 사내에서 아이디어를 제안하는, 이른바 기획서·제안서를 작성하는 경우

(3) 이직이나 사내의 부서 이동을 목표로 자기를 홍보하는 경우

PASBECONA 랜딩페이지 템플릿

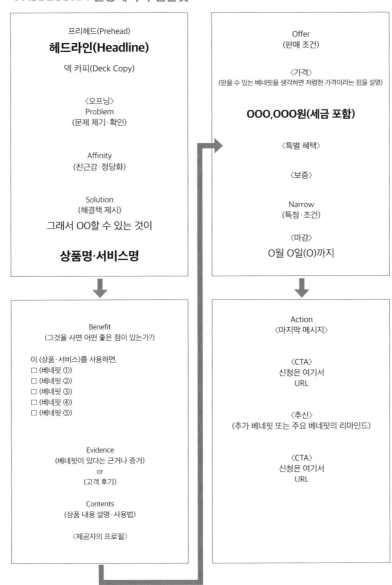

프리헤드(Prehead)
헤드라인(Headline)
덱 카피(Deck Copy)

〈오프닝〉
Problem
(문제 제기·확인)

Affinity
(친근감·정당화)

Solution
(해결책 제시)
그래서 OO할 수 있는 것이

상품명·서비스명

Offer
(판매 조건)

〈가격〉
(얻을 수 있는 베네핏을 생각하면 저렴한 가격이라는 점을 설명)

OOO,OOO원(세금 포함)

〈특별 혜택〉

〈보증〉

Narrow
(특정·조건)

〈마감〉
O월 O일(O)까지

Benefit
(그것을 사면 어떤 좋은 점이 있는가?)

이 (상품·서비스)를 사용하면,
□ (베네핏 ①)
□ (베네핏 ②)
□ (베네핏 ③)
□ (베네핏 ④)
□ (베네핏 ⑤)

Evidence
(베네핏이 있다는 근거나 증거)
or
(고객 후기)

Contents
(상품 내용 설명·사용법)

〈제공자의 프로필〉

Action
〈마지막 메시지〉

〈CTA〉
신청은 여기서
URL

〈추신〉
(추가 베네핏 또는 주요 베네핏의 리마인드)

〈CTA〉
신청은 여기서
URL

PASBECONA로
팔리는 문장을 만든다

커리어 컨설턴트를 예로 살펴보자

우선은 컨설턴트나 전문가, 다양한 분야의 강사 등 자기 자신이 거의 그대로 상품이나 서비스에 해당하는 경우다.

오해가 없도록 정확히 말하자면, 판매하는 대상은 어디까지나 당신이 제공하는 서비스다. 하지만 컨설턴트나 전문가가 제공하는 서비스 자체는 기본적으로 똑같다(물론 서비스의 내용 자체에 차이가 있는 경우도 있지만). 세무사라면 결산 자료 작성이나 세무 신고 등 제공하는 서비스 자체는 거의 같다. 중요한 것은 '누가 제공하는가?'이며 이 '누가'라는 부분이 세트로 묶여야 비로소 상품과 서비스의 가치가 형성되는 것이다. 즉, **당신 자신이 상품 또는 서비스의 중요한 심장 부분을 구성한다는 의미다.**

이 경우에는 실제로 대가를 얻는, 즉 파는 것이므로 통상의 상품이나 서비스를 판매하기 위한 랜딩페이지를 쓰는 방식과 완전히 똑같다. 따라서 205쪽에서 소개한 템플릿을 그대로 사용할 수 있다.

구체적인 예로서, 커리어 컨설턴트가 기업을 대상으로 커리어 컨설팅 서비스를 판매하는 사례를 소개하겠다. 앞서 설명한 PASBECONA의 기본 구조에 해당하는 글은 다음과 같다.

인재 배치·육성으로 고민하는
중소기업 인사 담당자에게

중소기업 전문
커리어 컨설턴트가 제안드립니다

다음과 같이 생각한 적은 없습니까?

만약 한 가지라도 해당되는 사항이 있다면
이 페이지에서 소개하는 방법은
반드시 당신에게 도움이 될 것입니다.

☐ 적재적소에 인재를 배치하고 싶지만 한 사람씩 면담을 실시하는 데
　충분한 시간을 할애할 수 없다
☐ 일에서 보람을 느낄 수 없다는 이유로 퇴직하는 직원이 속출하고 있다
☐ 직원들의 의욕을 더욱 끌어올리고 싶다

이러한 고민을 안고 있는 사람은
당신 혼자만이 아닙니다.

하지만 수많은 중소기업에서는
직원들이 커리어에 대해
차분히 상담할 상대가 없기 때문에
자신들의 커리어 형성에 관해
깊이 이해할 기회가 없었을 뿐입니다.

그래서 당신에게 추천합니다.

중소기업 전문의 커리어 컨설팅
NLP 커리어 컨설팅

NLP 커리어 컨설팅을
기업에 도입하면

□ 뇌와 마음을 다루는 설명서라고 불리는 NLP(신경언어 프로그래밍)를 익힌 커리어 컨설턴트가 대응해드리므로 직원들의 진심을 자연스럽게 들을 수 있습니다

□ 직원 모두의 적성을 적확하게 파악할 수 있어서 적재적소에 인재 배치가 가능하므로 회사 전체의 생산성이 향상됩니다

□ 직원에게 동기를 부여해 의욕을 끌어올림으로써 이직률을 낮출 수 있습니다

실제로 NLP 커리어 컨설팅을
도입한 분의 후기 중에서
일부를 소개하면…

사진	OOO 님
	내용

NLP 커리어 컨설팅의 내용

- 대상자 전원 전체 컨설팅
- 대상자 전원에 대한 온라인 개별 컨설팅(각 60분)
- 개인별 적성 보고서 작성 등

NLP 커리어 컨설팅 진행 방법

개별 설명회 온라인 실시

만족하면 정식 계약

↓

도입 책임자와 방향성 확인

↓

대상 직원 전원의 일정 조정

↓

기타

수석 컨설턴트

| 사진 | OOO |
| | 프로필 |

도입 비용

직원 1인당

660,000원(세금 포함)

특별 혜택

개별 컨설팅 완료 후 1개월간
대상 직원을 직접 메일로 상담합니다.

보증

계약 후 첫 번째 방향성 확인 미팅에서
기대에 미치지 못한다고 판단하신다면
이유를 불문하고 전액 환불해드립니다.

마감

20XX년 4~9월 실시 과정 신청은

2월 28일(O)까지

이런 분에게는 추천하지 않습니다

☐ 직원과의 개별 컨설팅만을 실시하고, 이후 지원 계획이 없는 분
☐ 외부 컨설턴트가 사내의 상황을 알 리가 없다고 편견을 갖고 있는 분
☐ 애초에 직원들이 보람을 느끼면서 신나게 일하기를 바라지 않는 분

반면,
이런 분에게는 추천합니다

☐ 직원 한 사람 한 사람이 각자의 특성에 맞는 직장에서 능력을
   발휘하길 바라는 분
☐ 조직 내 원할한 의사 소통으로 활기로 가득 찬 직장을 만들고 싶은 분
☐ 회사 전체의 생산성을 높이고 잔업이 적은 회사로 만들고 싶은 분

한 곳이라도 더 많은 중소기업의
직원 전원이 자신의 목표를 명확히 설정하고
활기차게 일에 전념할 수 있게 되기를
기대합니다.

NLP 커리어 컨설팅 도입에
관심이 있으시다면
먼저 아래의 개별 설명회에
참가 신청을 해주세요.

NLP 커리어 컨설팅
개별 설명회
참가 신청은 이곳에서 ☞

이 샘플만 보면 어떤 부분에 어떻게 PASBECONA가 적용되어 있는지 알기 어려울 수 있다. 그러므로 이번에는 각 요소를 분해 해서 하나씩 설명하겠다.

PASBECONA 작성법

<u>각 요소에, 무엇을 어떻게 쓸 것인가?</u>

(1) 제목(헤드라인)

우선 본문으로 들어가기 전에 '제목'을 생각한다. SNS와 같이 글의 길이가 짧은 경우를 제외하고, 대부분의 글에는 제목이 필요하다. 사람은 우선 제목을 보고 그 내용을 읽을지 말지를 판단한다. 제목을 보고 관심이 없는 내용이라고 판단하면 그다음은 읽지 않으므로 아무리 열심히 유용한 글을 써도 절대로 전해지지 않는다. 따라서 우선은 읽는 **사람의 눈길을 사로잡을 수 있는 제목이 꼭 필**

요하다.

오래전부터 카피라이팅에서는 얼마나 임팩트 있고 매력적인 제목을 쓰느냐에 대한 연구가 이루어지고 있다. 그리고 그 연구 결과가 패턴화되어 '일정한 형식'으로 정리되어 있다. 우리는 《카피라이팅 기술 대전》에 다음과 같이 정리했다.

눈길을 사로잡는 제목 형식

패턴	구체적인 형식
(1) 방법 제시	형식 1: OO하는 방법 형식 2: OO하기 위한 방법 형식 3: OO하는 O가지 방법 형식 4: OO하면서 ◎◎하는 방법 형식 5: OO을 습득해 ◎◎을 획득하는 방법 형식 6: OO을 ◎◎으로 하는 방법 형식 7: OO하지 않는(예방하는·그만두는·탈출하는) 방법
(2) 질문	형식 8: OO이란? 형식 9: OO할 수 있나요? 형식 10: OO을 아십니까? 형식 11: 왜(어째서) OO은 ◎◎인가? 형식 12: 왜 일부 사람들은 OO할 수 있는가/없는가?
(3) 문제 제기	형식 13: 당신은 OO으로 이런 실수를 하고 있지는 않나요? 형식 14: OO의 이런 증상(징조)이 나타나지 않나요? 형식 15: OO에 흔히 보이는 △가지 ◎◎
(4) 비밀 공개	형식 16: OO의 비결(비밀·이유·핵심) 형식 17: OO의 ◎가지 비결(비밀·이유·핵심) 형식 18: OO의 비밀을 공개 형식 19: OO하는 이유 형식 20: OO이 잘되지 않는 이유

(5) 타깃 설정	형식 21: OO하는 분(당신)에게 형식 22: OO으로 고민하는 분(당신)에게 형식 23: 언젠가 OO하고 싶은 분(당신)에게 형식 24: OO한 자녀가 있는 양육자(부모)에게 형식 25: 더욱 OO하고 싶지만 어떻게 해야 할지 모르는 분 에게 형식 26: OO을 사용하는 분(당신)에게 형식 27: OO이라고 생각하는 분(당신)에게 형식 28: OO을 위한 형식 29: OO(연령)대 분들에게
(6) 가정	형식 30: 만약 OO였다면 형식 31: 만약 OO으로 이런 일이 일어난다면 어떻게 하겠 습니까? 형식 32: 설령 OO하더라도 형식 33: 상상해보세요. 당신이 OO하는 순간을! 형식 34: 만약 OO이라면 ◎◎할 수 있습니다
(7) 권유	형식 35: OO하지 않겠습니까? 형식 36: OO해보지 않겠습니까? 형식 37: OO합시다 형식 38: OO은 어떠세요? 형식 39: OO하고 싶은 분 더 안 계신가요? 형식 40: 자, 그럼 형식 41: 찾습니다·OO구함·모집·대모집·급구
(8) 정보 제공	형식 42: 신OO 형식 43: OO을 소개! 형식 44: 발표! OO 형식 45: 드디어·마침내·결국 형식 46: 증언 제시
(9) 대비	형식 47: OO한 사람, XX한 사람 형식 48: 잘하는 사람(회사) vs 못하는 사람(회사) 형식 49: 우는 사람, 웃는 사람

(10) 판매 조건 제시	형식 50: OO 무료 형식 51: OO 선물 형식 52: 기간 한정 형식 53: 지금만 OO 형식 54: 날짜 제시
(11) 지시대명사 지시형용사	형식 55: 이·그·저·무엇 형식 56: 어떻게·이렇게
(12) 스토리	형식 57: OO하자 모두가 웃었습니다. 하지만 ◎◎했더니…
(13) 지시	형식 58: OO하지 마세요(하지 마라) 형식 59: OO에 대한 조언 형식 60: OO은 필요 없습니다
(14) 독자성·우위성	형식 61: 1위·No.1 형식 62: OO 전문 형식 63: OO의 선구자
(15) 독특한 표현	형식 64: 부탁이 있습니다 형식 65: OO하는 것은 ◎◎하기 위한 열쇠이며 그 일을 할 수 있는 것은 XX뿐 형식 66: 독창성 넘치는 탁월한 헤드라인

또한 세일즈 레터나 랜딩페이지의 경우는 임팩트를 강화하기 위해 두 가지 또는 세 가지 제목을 조합하기도 한다. 그러므로 세일즈 레터나 랜딩페이지의 제목을 통합해 '헤드라인'이라고 부른다.

여기에서 수많은 형식 중에서 카피라이팅을 경험한 적이 없는 사람도 바로 사용할 수 있는 헤드라인의 템플릿을 소개하겠다.

OO으로 고민하는 OO한 사람에게
(또는 OO하고 싶은 OO한 사람에게)
OO이 드리는 제안

어디서 본 적 있는 낯익은 템플릿이라는 걸 알아차렸을 것이다.

그렇다. AMM 서치 시트의 스텝 10 '가장 가치를 누릴 수 있는 사람은?'을 그대로 적용하면 된다. 그리고 'OO이 드리는'의 부분에는 스텝 11 '새로운 커리어 이미지'를 적는다. 앞서 소개한 사례의 경우는 다음 내용이 헤드라인에 해당한다.

인재 배치·육성으로 고민하는
중소기업 인사 담당자에게

중소기업 전문
커리어 컨설턴트가 제안드립니다

(2) Problem(문제)

이제 본문으로 들어가보자. 가장 먼저 PASBECONA의 P, Problem(문제)이다. 읽는 사람이 안고 있는 문제를 제시하고 '이건 내 얘기다!'라는 관심을 갖게 만든다. 이 'Problem' 부분에는 문제

뿐만 아니라 '이렇게 되고 싶다'는 이상을 적을 수도 있다.

같은 말이라도 문제의 측면에서 인식할 수도 있고 이상의 측면에서 인식할 수도 있다. 예를 들어 '매출이 한계점에 도달했다'라고 말하면 문제가 되지만 '비즈니스를 확대하고 싶다'고 인식하면 이상이 된다. **이 문제와 이상 중에서는 문제 쪽이 더 끌어당기는 힘이 강하다**는 것을 알 수 있다. 이를테면 '절전 대책을 실시하면 월 2만 원 이득이다'라는 말보다는 '절전 대책'을 실시하지 않으면 월 2만 원을 손해 본다'라고 하는 말이 더, 사람을 끌어당기는 힘이 강한 법이다. 무엇이든지 문제 측면에서 인식해야 하는 건 아니지만, 문제 측면에서 인식하는 편이 임팩트가 더 강하다는 원칙을 머릿속에 넣어두자.

이 Problem 부분은 글 전체의 시작이기도 하다. 쓰는 사람으로서는 글의 첫머리를 쓰기가 여간 어렵지 않다. 쓰기 시작하면 탄력이 붙어서 나중에는 비교적 술술 써진다. 이것은 읽는 사람도 마찬가지다. 당신도 경험했을 테지만, 소설을 읽을 때도 첫머리가 술술 읽히면 뒷부분은 비교적 편하게 읽힌다. 반대로 첫머리에서 위화감이 느껴지거나 읽기 힘들다는 인상을 받으면 도중에 읽기를 포기할 확률이 높아진다.

그래서 이 부분은 다음의 빈칸 채우기 템플릿을 참고하면 쓰기 쉬울 것이다.

다음과 같이 생각한 적은 없습니까?

만약 한 가지라도 해당되는 사항이 있다면
이 페이지에서 소개하는 방법은
반드시 당신에게 도움이 될 것입니다.

☐ 구체적인 내용 1
☐ 구체적인 내용 2
☐ 구체적인 내용 3

앞에서 소개한 사례의 경우는 다음 부분이 Problem에 해당한다.

다음과 같이 생각한 적은 없습니까?

만약 한 가지라도 해당되는 사항이 있다면
이 페이지에서 소개하는 방법은
반드시 당신에게 도움이 될 것입니다.

☐ 적재적소에 인재를 배치하고 싶지만 한 사람씩 면담을 실시하는 데
  충분한 시간을 할애할 수 없다
☐ 일에서 보람을 느낄 수 없다는 이유로 퇴직하는 직원이 속출하고 있다
☐ 직원들의 의욕을 더욱 끌어올리고 싶다

(3) Affinity(친근)

Problem의 다음은 Affinity(친근)로, 읽는 사람에게 친근감을 주는 부분이다. 왜 친근감이 필요할까? 사람은 친근감을 느끼면 그 사람이 하는 말을 받아들일 준비가 갖춰지기 때문이다.

친근감을 기르는 데 가장 좋은 것이 '**정당화**'다. 간단히 설명하자면, '**당신이 지금 그 문제를 안고 있는 것은 당신 탓이 아니라 다른 원인이 있기 때문이다**'라는 사실을 전하는 것이다.

여기서도 쓰기 쉽게 빈칸 채우기 템플릿을 참고하기 바란다.

이러한 고민을 안고 있는 사람은
당신 혼자만이 아닙니다.
하지만 많은 사람은
OO할 기회(또는 경험)가 없어서
OO할 방법을 몰랐던 것뿐입니다.

앞선 사례의 경우에서는 다음 부분이 Affinity에 해당한다.

> 이러한 고민을 안고 있는 사람은
> 당신 혼자만이 아닙니다.
>
> 하지만 수많은 중소기업에서는
> 직원들이 커리어에 대해
> 차분히 상담할 상대가 없기 때문에
> 자신들의 커리어 형성에 관해
> 깊이 이해할 기회가 없었을 뿐입니다.

여기까지 썼다면 나머지는 비교적 순조롭게 써나갈 수 있다.

(4) Solution(해결)

Affinity에서 상대가 당신의 이야기에 귀를 기울일 준비가 되었으므로 이번에는 Solution(해결)을 제시한다. 다음의 빈칸 채우기 템플릿을 참고해보자.

> 그래서 당신에게 추천합니다.
> OO (상품명 또는 서비스명)

앞선 사례의 경우에서는 다음 부분이 Solution에 해당한다.

(5) Benefit(이득)

이번에는 Benefit(이득)이다. 즉, '이 상품 또는 서비스를 구입하면 어떤 이득이 있을까?'를 열거하는 것이다. 여기서도 AMM 서치 시트의 스텝 9 '그것은 무엇이 좋은가?'에서 생각한 내용을 가져오자.

빈칸 채우기 템플릿은 다음과 같다.

이 OO(상품·서비스)을 사용하면
□ OO이므로 OO할 수 있습니다
□ OO이므로 OO할 수 있습니다
□ OO이므로 OO할 수 있습니다

앞선 사례의 경우에서는 다음 부분이 Benefit에 해당한다.

(6) Evidence(증거)

Benefit을 제시했다면 바로 '그 이득을 얻게 된다는 건 사실이다'
라는 Evidence(증거)를 제시해야 한다. 아무리 큰 이득을 얻을 수
있다 해도 상대가 미심쩍어한다면 구입 단계까지 이르지 못한다.

AMM 서치 시트의 스텝 4 '당신의 실적'에서 언급한 내용을 사
용할 수 있다면 가장 효율적이다. 또한 이미 비즈니스를 하고 있
는 사람의 경우에는 '고객의 소리' 같은 후기를 증거로 사용할 수
있다.

하지만 처음 비즈니스를 시작했다거나 신상품이나 새로운 서
비스를 내놓았을 경우에는 고객 후기가 없을 수도 있다. 이럴 때
는 어떻게 하면 좋을까? 방법은 두 가지다.

① 가까운 사람에게 무료 또는 저가로 제공해서 사용해보도록
   한다. 그리고 사용 소감을 받아 고객 후기로 싣는다
② 일단 공백으로 두고 고객의 후기를 얻은 후에 채워 넣는다

물론 바람직한 대책은 ①이다. 이때 고객의 소감을 얻지 못한다면, '무료라고 해도 필요 없다고 생각하는' 셈이 되므로 어떤 이유에서든 당신 자신이 응원받지 못하고 있는 것이다. 그렇다면 일단 중지하고 그 과제를 해결해둘 필요가 있다.

시간적인 문제 등으로 ①의 단계를 밟지 못할 경우는 ②의 방법을 선택할 수밖에 없지만 그 경우, 계약까지 시간이 걸린다는 사실을 예상해야 한다. 시간이 걸리는 데다 우회적인 방법이므로 그동안에 ①을 시도하는 것이, 결과적으로는 더 빨리 수주로 연결될 수도 있다.

여기는 빈칸 채우기 템플릿을 제공할 수 없지만 도입 부분은 다음과 같다.

실제로 OO을 도입한 분의 후기 중에서
일부를 소개하면…

앞선 사례의 경우에서는 다음이 Evidence에 해당한다.

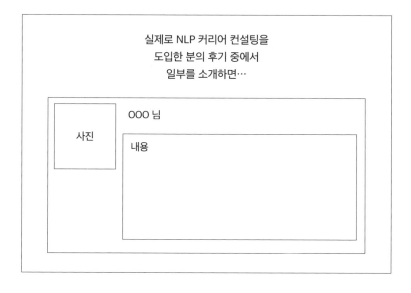

(7) Contents(내용)

이제 드디어 구체적인 상품과 서비스의 내용을 설명하는 부분으로 들어간다. 형태가 있는 상품의 경우는 상품의 기능과 특징, 사용법 등을 기입한다. 강좌나 컨설팅처럼 형태가 없는 상품 또는 서비스인 경우는 어떤 일을 하는지, 또한 어떻게 하는지 등을 알기 쉽고 상세하게 설명한다. 그리고 제공자 또는 회사의 프로필을 게재한다.

앞선 사례의 경우에서는 다음이 Contents에 해당한다.

NLP 커리어 컨설팅의 내용

- 대상자 전원 전체 컨설팅
- 대상자 전원에 대한 온라인 개별 컨설팅(각 60분)
- 개인별 적성 보고서 작성 등

NLP 커리어 컨설팅 진행 방법

개별 설명회 온라인 실시

만족하면 정식 계약

↓

도입 책임자와 방향성 확인

↓

대상 직원 전원의 일정 조정

↓

기타

수석 컨설턴트

사진	OOO
	프로필

(8) Offer(제안)

이번에는 당신이 제공하는 상품 또는 서비스의 판매 조건을 제시한다. 판매 조건에는 가격, 특별 혜택, 보증, 마감 등이 있다.

앞에서 소개한 사례의 경우는 다음 부분이 Offer에 해당한다.

도입 비용
직원 1인당
660,000원(세금 포함)

특별 혜택

개별 컨설팅 완료 후 1개월간
대상 직원을 직접 메일로 상담합니다.

보증

계약 후 첫 번째 방향성 확인 미팅에서
기대에 미치지 못한다고 판단하신다면
이유를 불문하고 전액 환불해드립니다.

마감

20XX년 4~9월 실시 과정 신청은
2월 28일(O)까지

---

(9) Narrow(특정)

다음은 당신의 가치관에 맞는 조건을 확인한다. 기본적으로 AMM 서치 시트의 스텝 10에서 범주를 좁힌 '가장 가치를 누릴 수 있는 사람은?'을 제목 부분에서 'OO한 분에게'로 표현하고 있지만, 여기에서는 구매를 촉진하기 직전에 당신의 가치관에 더욱 구체적으로 또는 모든 각도에서 일치하는 고객을 찾는다.

템플릿은 다음과 같다.

이런 분에게는 추천하지 않습니다
☐
☐
☐

반면, 이런 분에게는 추천합니다
☐
☐
☐

일부러 추천하지 않는 사람을 언급한 까닭은 '당신은 이런 사람이 아니겠죠?'라는 사실을 읽는 사람에게 확인하는 동시에 '이런 일을 하고 싶지 않나요?' 하고 효과를 확인하기 위해서다.

앞서 든 사례에서는 다음 부분이 Narrow에 해당한다.

이런 분에게는 추천하지 않습니다

☐ 직원과의 개별 컨설팅만을 실시하고, 이후 지원 계획이 없는 분
☐ 외부 컨설턴트가 사내의 상황을 알 리가 없다고 편견을 갖고 있는 분
☐ 애초에 직원들이 보람을 느끼면서 신나게 일하기를 바라지 않는 분

반면,
이런 분에게는 추천합니다

☐ 직원 한 사람 한 사람이 각자의 특성에 맞는 직장에서 능력을
   발휘하길 바라는 분
☐ 조직 내 원할한 의사 소통으로 활기로 가득 찬 직장을 만들고 싶은 분
☐ 회사 전체의 생산성을 높이고 잔업이 적은 회사로 만들고 싶은 분

(10) Action(행동)

끝으로 당신이 읽는 사람에게 바라는 행동을 권유해야 한다. 이것을 카피라이팅에서는 CTA Call To Action라고 하는데, 바로 메시지 모델의 마지막 부분이다.

여기에서 당신이 읽는 사람에게 무얼 바라는지를 분명한 말로 촉구하는 것이다. 일반적인 비즈니스 문서에서는 '잘 부탁합니다'

와 같은 모호한 표현을 자주 사용하지만 카피라이팅에서는 '신청해주세요' '등록하세요'와 같이 확실히 권유한다.

앞서 든 사례에서는 다음 부분이 Action에 해당한다.

한 곳이라도 더 많은 중소기업의
직원 전원이 자신의 목표를 명확히 설정하고
활기차게 일에 전념할 수 있게 되기를
기대합니다.

NLP 커리어 컨설팅 도입에
관심이 있으시다면
먼저 아래의 개별 설명회에
참가 신청을 해주세요.

NLP 커리어 컨설팅
개별 설명회
참가 신청은 이곳에서 ☞

랜딩페이지의 경우는 마지막 부분에 실제로 신청 및 결제할 수 있는 화면으로 유도하는 신청용 링크를 덧붙인다.

이상이 전문직이나 다양한 분야의 컨설턴트와 같이 자기 자신을 상품으로 파는 경우에 활용할 수 있는, PASBECONA 법칙을 바탕으로 한 메시지 모델의 흐름이다. 랜딩페이지뿐만이 아니라 영

업 자료로 파워포인트 슬라이드를 구성할 때도 이 PASBECONA
의 흐름을 응용할 수 있다.

PASBECONA 법칙으로
아이디어를 프레젠테이션한다

기획·제안의 경우

앞에서 자기 자신이 거의 그대로 상품·서비스인 경우, 이른바 '자신을 파는' 경우의 'PASBECONA' 사용법을 소개했다. 이번에는 넓은 의미에서는 자신을 파는 것이지만 사내외를 불문하고 자신의 사고와 아이디어를 기획서나 제안서 형태로 프레젠테이션하는 상황에서 유용한 PASBECONA 사용법을 소개하겠다.

PASBECONA의 각 요소는 앞서 설명한, 자신이 곧 상품 또는 서비스인 경우와 똑같다. 미묘하게 다른 점은, 구체적인 대상이

'당신의 스킬이나 기술·지식' 자체가 아니라 '당신의 사고와 아이디어'다. 그러므로 PASBECONA의 각 요소에 대한 정의를 약간 수정해 더욱 알기 쉽게 표현했다.

덧붙여, 실제로 금전적 거래가 수반되는 '판매'와는 다르기 때문에 판매 가격을 포함한 판매 조건을 제시하는 'Offer(제안)' 부분이 달라진다. 따라서 205쪽 템플릿을 그대로 사용하지 않고 글이나 이야기의 흐름으로 PASBECONA를 사용하게 된다.

PASBECONA의 기본 구조(기획·제안)

Problem	문제	무엇이 문제인가?(그 문제는 어떠한 악영향을 미치는가?)
Affinity	친근	이대로 그 문제를 방치해두면 어떤 악영향이 있을까?(시간 손실, 금전적인 마이너스, 신용 훼손 등)
Solution	해결	문제의 해결책을 제시한다
Benefit	이득	당신의 아이디어에는 어떤 이점이 있는가?(고객 등 대상자와 회사 양쪽에)
Evidence	증거	그것이 효과가 있다는 증거를 제시한다
Contents	내용	상세한 제안 내용을 제시한다
Offer	제안	아이디어를 실행하는 데 필요한 조건을 제시하고 비용 대비 효과가 뛰어나다는 것을 피력한다
Narrow	특정	의도한 목적을 명확히 일치시킨다
Action	행동	구체적인 행동을 촉구한다

이 사항들을 토대로 한 예문은 다음과 같다.

〈Problem〉 문제

당사는 최근 1년 반 동안 단번에 사업을 확대해 고객 수가 예전보다 15배 증가했으며, 앞으로도 한층 더 증가할 것으로 예상된다. 고객 수의 대폭적인 증가에 따라 고객 지원 대응뿐만 아니라 영업부나 관리부에서도 고객 데이터의 관리와 분석을 감당할 수 없게 되었다. 이로 인해 직원들의 잔업 시간도 예전보다 늘어나 하루당 1인 평균 2.5시간이 되었다.

〈Affinity〉 친근

이러한 상태가 계속되면 고객 대응이 지연되고 판매의 기회 손실이 발생하는 등 중대한 문제가 야기될 것이다. 게다가 인력 부족으로 신규 채용을 실시해 인원을 늘리면 대폭적인 비용 증가를 피할 수 없다.

〈Solution〉 해결

이러한 문제를 해결하기 위해서는 마케팅 자동화Marketing Automation, MA 시스템을 도입하는 방법이 있다.

〈Benefit〉 이득

MA를 도입하면 판매 프로세스 일련의 흐름을 자동화하여 노동력 절감으로 인한 잔업 감소 효과를 낼 수 있다. 그뿐만 아니라 고객의 구매 현황을 시각화할 수 있어 적극적인 영업 활동으로

연결할 수 있다.

⟨Evidence⟩ 증거

중소기업에서도 MA를 도입하는 회사가 많다. A사의 통계에 따르면 중소기업 O개사 중에서 한 회사는 이미 도입을 마치고서 성과를 올리고 있다. 자동화를 도입해 고객 대응을 위한 사무 공정 단계를 O% 감축한 사례가 있다.

⟨Contents⟩ 내용

MA를 제공하는 회사는 여러 곳이 있지만 나는 다음과 같은 장단점의 비교, 그리고 당사의 현행 시스템의 변화를 고려하면 당사에는 A사가 가장 잘 맞는다고 판단한다.

A사:

B사:

C사:

⟨Offer⟩ 제안

도입 비용은 OOO만 원. 현재의 평균 잔업 시간 2.5시간을 1.5시간으로 단축할 수 있다면 그것만으로도 1년간 충분히 회수할 수 있는 수준이다. 이에 더해 판매 확대 효과도 기대할 수 있다.

⟨Narrow⟩ 특정

DX^{Digital Transformation}(디지털 전환. 사물인터넷, 빅데이터, AI 등 다양한 디지털 기술을 활용해 기존의 업무, 생산, 영업 방식의 변

화를 촉진하는 일 - 역주)가 요구되는 가운데, 당사의 경쟁력 강
화를 위해서는 반드시 MA를 도입해야 한다.

〈Action〉 행동
MA 도입에 필요한 리더십은 내가 책임지겠으니, 꼭 A사의 MA
도입을 승인해주기 바란다.

실제의 프레젠테이션에서는 파워포인트 등의 슬라이드를 사용
하지만, 이와 같이 PASBECONA의 흐름에 따라 기획서·제안서를
만들면 요지가 명확해져 당신의 아이디어를 승인받기가 수월해
진다.

자기소개서를 쓴다

이직 또는 부서 이동의 경우

이번에는 같은 회사의 다른 부서에서 활약하고 싶다거나 이직을 희망하는 경우, 자기소개서에 PASBECONA 법칙을 사용하는 방법을 알아보자.

사실 이직이나 사내에서 부서 이동의 경우는 지금까지 소개한 두 가지 사례보다 더, 파는 대상이 '당신이라는 사람 자체'다.

206쪽에서는 당신 자체가 상품 또는 서비스의 중요한 일부일 때 파는 사례를 소개했고, 233쪽에서는 당신의 '아이디어를 파는' 사례를 소개했다. 여기서는 '파는' 부분이 '채용되는' 상황으로 바뛰는 것이다.

자기소개에서 '저는 이런 일을 할 수 있습니다' '저런 일을 할 수 있습니다' 하는 자기 홍보는 사실 상대에게 그다지 닿지 않는다. 참고로 카피라이팅에서는 **자기 중심으로 쓰는 법을 'Me(미) 메시지'라고 한다. 반면에 읽는 사람, 즉 상대의 시선에서 쓰는 법을** 'You(유) 메시지'라고 한다. 자기소개서에서도 상대의 시선에서 쓰는 You(유) 메시지가 사람의 마음을 움직이는 중요한 포인트다. 그러므로 사람을 움직이는 원리 원칙인 PASBECONA 법칙을 적용할 수 있다. 자기소개서의 기본 구조는 다음과 같다.

PASBECONA의 기본 구조(자기소개)

Problem	문제	상대가 안고 있는 과제나 문제를 확인한다
Affinity	친근	그 문제에 적절하게 대처하지 못할 때 일어날 수 있는 문제를 제시한다
Solution	해결	자신이 그 대처에 적임자라는 것을 알린다
Benefit	이득	자신이 대처하면 어떤 식으로 해결할 수 있는지를 제시한다
Evidence	증거	그것이 효과가 있다는 증거를 제시한다
Contents	내용	이직의 경우는 경력, 사내 이동인 경우에는 직무 이력을 제시한다
Offer	제안	어떠한 전략으로 대처할 것인지 그 개요를 제안한다
Narrow	특정	의도한 목적을 명확히 일치시킨다
Action	행동	채용을 촉구한다

이 사항들을 토대로 한 예문은 다음과 같다.

〈Problem〉 문제

귀사(귀 부서)에서는 영업의 DX 추진을 검토하고 계신다고 들었습니다. DX 추진에 있어서는 시스템과 영업 현장 양쪽에 모두 정통하며, 나아가 프로젝트를 추진할 수 있는 리더십도 필요합니다.

〈Affinity〉 친근

이 시스템과 영업 현장의 균형 감각이 어느 한쪽으로 치우치면 DX가 순탄하게 이루어지지 못합니다. 지나치게 시스템을 우선하면 영업 현장의 실태와 동떨어지게 되고, 그 결과 무용지물이 되고 맙니다. 한편으로 영업 현장을 지나치게 우선하면 현재의 업무 흐름을 우선한 나머지, 본래 효율화해야 할 불필요한 업무까지 시스템화하게 되어 결국은 기대한 만큼의 효과를 얻지 못하는 사태에 이릅니다.

〈Solution〉 해결

저는 이 균형을 잘 잡을 뿐만 아니라, 다음과 같은 결과를 이끌어 낼 수 있습니다.

〈Benefit〉 이득

① 영업 현장의 현재 실태를 파악한 뒤에 우선 이상적인 업무 흐름을 구축해, 본래 지향해야 할 업무의 흐름을 실현하고 DX 투자의 효과를 최대화할 수 있습니다.

---

② 모든 시스템을 신규로 개발하는 것이 아니라 기존의 패키지 시스템을 결합하여 개발 공정을 단축하고 신속하게 DX를 실현할 수 있습니다.

③ 이상적인 업무 흐름을 지나치게 추구하지 않고, 효과는 보장하면서도 타협점을 찾아냄으로써, 개발비 증가로 인한 예산 초과 사태를 피할 수 있습니다.

〈Evidence〉 증거

이러한 일을 실현할 수 있는 근거는, 저에게 다음과 같은 실적이 있기 때문입니다.

① 입사 후 5년간, OO 영업직으로서 현장에서 고객에 대응한 경험이 있기 때문에 상품·서비스가 달라도 영업 현장에서 일어나는 일들을 예상하고 이해할 수 있습니다.

② 그 후 사내의 생산 관리 시스템을 개발하고 유지 보수를 담당하며 생산 현장의 실태를 직접 귀담아들으며 시스템 개발에 활용했습니다. 특히 프로젝트 리더로서 새로운 생산 라인의 시스템 개발을 10개월 동안 순조롭게 운영한 실적이 있습니다.

〈Contents〉 내용

경력(이직의 경우)

19XX년 X월 X일 출생

XX대학교 XX학과 졸업

20XX년 주식회사XXXX 입사, XXX 담당

<Offer> 제안
저라면 다음의 순서로 영업의 DX를 진행하겠습니다.
1) 영업 실무 현황을 파악한다
2) 이상적인 영업 실무를 논의하고 바람직한 시스템을 구축한다
3) 2)에서 시스템화의 난도가 높은 부분에 대응 필요성 여부를
   파악한다
4) 일정이 지연되지 않도록 개발 공정 기간을 신중하게 판단한다

<Narrow> 특정
DX의 효과를 최대한으로 발휘하는 동시에 '쓸모 없는 시스템'을
피하기 위해서는 영업과 시스템의 조정이 가능한 리더십 있는 인
재가 적임입니다.

<Action> 행동
꼭 저에게 맡겨주십시오.

Benefit(이득)과 Evidence(증거)의 순서를 바꿔, 먼저 잘된 증거
를 제시하고 나서 이득으로 마무리하는 형태도 가능하다. 또한 증
거나 근거를 제시할 수 없는 경우는 각오를 적어 넣으면 좋다.

강점을 활용한
웰빙의 실현을 향해

이로써 당신의 강점을 돈으로 바꾸는 프로세스와, 그것을 전달하는 메시지 작성법까지 일련의 과정을 모두 마쳤다. 당신도 지금까지 강점에 관해서는 생각해본 적이 있어도 '강점을 팔리게 한다'는 관점에서 분석하고 생각한 적은 처음이지 않은가?

자기 자신의 강점을 인식하는 일은, 사실 그리 만만치 않다. 자신에 관해서는 스스로 알기 어려운 법이다. 이번에 진행한 AMM 서치 시트는 '무엇을, 어떻게 생각하면 좋을까?'라는 과제를 프레임워크로 완성시킨 것이다. 이 프레임워크에 의해 스스로는 인식하기 어려운 자신을 객관적으로 파헤쳐볼 수 있다.

이 책의 50쪽에서 AMM 서치 시트로 다음과 같은 일을 할 수 있다고 설명했다.

① 당신이 인식하고 있는 강점을 돈으로 바꿀 수 있도록 재정의할 수 있다
② 당신이 깨닫지 못하고 있었던 당신의 숨은 강점을 발견해 그것을 돈이 되게 구축할 수 있다
③ 당신이 가지고 있는 강점을 돈으로 바꾸기 위해 앞으로 갈고닦아야 할 영역을 알 수 있다

당신은 강점을 돈으로 바꾸는 방향성을 찾아냈는가? 혹은 '이거다'라고 할 만한 돈으로 바뀌는 강점을 발견했는가? 어쩌면 최고의 일을 실현하기 위해서는 조금 더 스킬이나 기술, 지식을 연마해야 한다는 것을 깨달았을지도 모르겠다. 어떤 방향성이든 지금 당신이 갖고 있는 능력을 인식하는 좋은 기회가 되었을 거라고 믿는다. 이 깨달음을 계기로 당신이 자신감을 되찾고 당신만의 능력을 활용해 정신적으로도 경제적으로도 즐겁고 만족스러운 인생을 살아가는 계기가 된다면 우리는 저자로서 더할 나위 없이 기쁠 것이다.

더욱이 이 책의 첫머리에서, 파는 방법을 알면 '앞날이 불투명한 시대'나 '격변하는 시대'라는 수식어를 붙일 수밖에 없는 상황에서

도 미래를 걱정하지 않고 자신감을 가지고 살아갈 수 있다고 강조했다. AMM 서치 시트를 통한 일련의 프로세스로 어떤 시대든 당당하고 즐겁게 살아갈 자신이 생기지 않았는가? 그로 인해 의욕에 넘쳐 활약하는 당신을 어디선가 만날 수 있기를 기대한다.

감사와 풍요로움을 만들어내는
My Pleasure

상품과 서비스도, 자기 자신도
동일한 원리 원칙으로 팔린다

이 책을 집필하게 된 계기는 일본 출판사의 요시오 다이치吉尾太一 편집장과 야마다 료코山田涼子 씨의 기획이었다. 처음에는 팔리는 글쓰기 방법이라는, 백퍼센트 카피라이팅 컨셉의 책이었으나 그 내용은 우리의 다른 저서에서 이미 모두 공개했기에, 다시 정리하기는 어렵다고 판단했다.

그 후 새롭게 기획된 것이 바로 이 책이다. 본문에서도 언급했지만 카피라이팅 강좌에서 상품이나 서비스를 파는 것을 생각할 때 자신이 정말로 하고 싶었던 일이나 강점을 발견하는 사례가 매우 많았다. 상품이나 서비스를 파는 일도, 자기 자신을 파는 일도 완전히 동일하다고 생각하고 있었기에 딱 들어맞는 주제였다.

PMM은 상품이나 서비스를 팔기 위한 컨셉 메이킹 기술이지만, 실은 회사나 개인에게도 응용하고 있었다. 그렇게 축적한 노하우를 다시 정리할 수 있어서 이 책의 집필은 정말로 의미 깊은 일이었다. 특히 카피라이팅을 단순히 상품이나 서비스를 팔기 위한 기술이라고 여기는 프레임에서 벗어나, 그 우수성을 세상에 널리 알리는 데는 더없이 좋은 접근법이라고 생각한다.

카피라이팅은 '인생의 와일드 카드'

이 책에서는 카피라이팅 기술의 상세한 내용까지는 언급하지 않는다. 하지만 당신이 이 책을 계기로 카피라이팅의 가능성과 넓은 응용 범위를 체감한다면 정말 기쁠 것이다.

또한 당신이 다루는 상품이나 서비스의 매출을 더 끌어올리기 위해 조금 더 깊이 있게 카피라이팅을 배운다면, 당신의 인생이 한층 더 풍요로워질 것이다.

나는 카피라이팅을 '인생의 와일드 카드'라고 믿는다. 당신이 이미 갖고 있는 강점이라는 카드에 카피라이팅을 한 장 더 추가함으로써 그 강점을 몇 배나 더 강하게 만들 수 있다는 의미다.

내가 카피라이터가 된 계기는 아이의 장애였다. 그로 인해 아이와 우리 부부는 공공기관으로부터 다양한 복지 혜택을 받고 있다. 이 복지 혜택들은 말할 것도 없이 세금으로 이루어지고 있다. 그러므로 세금이 없다면 우리 가족뿐만 아니라 세상에서 어려운 상황에 처한 사람들을 사회가 지원할 수 없게 된다.

세금을 내고 더욱 풍요롭게 살기 위해서는 한 명이라도 더 많은 사람이 제대로 돈을 벌고 윤택해져야 한다. 그러기 위해서 카피라이팅은 매우 효과적인 기술이다. 카피라이팅은 적당한 말로 사람을 부추기고 속이고 보기 좋게 만들어서 구매를 유도하는 기술이 아니다. 상품이나 서비스는 물론 개인의 능력도 포함해서 대상의 진정한 가치를 찾아내고, 그 가치를 필요로 하는 사람에게 전달하는 기술이자 사고관이다.

AI 시대에 발휘되는
당신의 존재 의식

그리고 AMM의 바탕에는 'My Pleasure'라는 사고관이 있다. 당신이 가치를 제공하는 일에 타인이 감사를 하게 되고, 그 행위 자체가 당신의 기쁨이 되는, 그런 일로 당신이 활약함으로써 사회 전체가 풍요로워지기를 바란다.

당신이 진정으로 원하는 일을 하면서 당신만 제공할 수 있는 가치를, 그것을 필요로 하고 높이 평가하며 기뻐해주는 사람에게 전달함으로써, 일상에서 만족과 경제적인 풍요로움을 양립해 웰빙 상태를 실현할 수 있다.

물론 이 책을 읽었다고 해서 바로 웰빙 상태가 눈앞에 실현되지는 않는다. 하지만 이 책은 틀림없이 당신의 인생에 큰 변화를 일으키는 계기가 될 것이다.

AI는 눈부시게 발달하고 있다. 하지만 AI가 아무리 발달해도, 당신이 현재 가지고 있는 강점을 명확하게 인식할 수 있다면, 인간으로서 당신의 존재감과 존재 의미를 발휘할 수 있을 것이다. AMM 서치 시트를 통해 당신만의 강점을 다듬고 그 강점을 필요로 하는 사람에게 전달해, 당신과 당신의 능력으로 도움받는 사람들이 모두 만족할 수 있기를 기대하겠다.

기누타 준이치

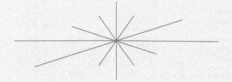

PERSONAL BRANDING

당신의 강점을 비싸게 팔아라

1판 1쇄 인쇄 | 2024년 10월 22일
1판 1쇄 발행 | 2024년 11월 11일

지은이 | 간다 마사노리, 기누타 준이치
옮긴이 | 김윤경

발행인 | 김태웅
책임편집 | 정상미
디자인 | 유어텍스트
마케팅 총괄 | 김철영
마케팅 | 서재욱, 오승수
온라인 마케팅 | 김도연
인터넷 관리 | 김상규
제 작 | 현대순
총 무 | 윤선미, 안서현, 지이슬
관 리 | 김훈희, 이국희, 김승훈, 최국호

발행처 | (주)동양북스
등 록 | 제2014-000055호
주 소 | 서울시 마포구 동교로22길 14 (04030)
구입 문의 | 전화 (02)337-1737 팩스 (02)334-6624
내용 문의 | 전화 (02)337-1739 이메일 dymg98@naver.com
네이버포스트 | post.naver.com/dymg98
인스타그램 | @shelter_dybook

ISBN 979-11-7210-890-8 03190